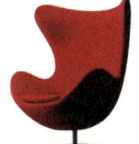

르 코르뷔지에의
의자부터

루이스 폴센의
조명까지

명품
가구의
비밀

조 스즈키 지음
전선영 옮김

design **house**

타인의 비밀만큼 흥미진진한 것도 없다. 평소에 자주 접해서 다 아는 사람 같아도 뜻밖의 면이 있을 수 있다.

인테리어 세계도 마찬가지다. 잡지 같은 데서 자주 본 명작 가구에도 알고 보면 놀라운 비밀이 숨어 있다. 이 책에서는 우리에게 친숙한 명작의 숨겨진 얼굴을 시대순으로 소개한다. 다만 교과서처럼 중요한 것을 망라하기보다 개인적으로 인연이 있는 작가의 이야기, 때로는 슬픈 일화를 전하고자 한다. 가구와 조명은 꼭 최신 제품이 최고라고는 할 수 없는, 현대 공업 제품으로는 다소 특수한 존재다. 한편으로 늘 우리 곁에 있으면서 일상생활에 쓰이는 도구이기도 하다. 나는 그런 인테리어의 매력을 전하는 일을 2003년부터 생업으로 삼아왔다. 이 일을 하기 전부터 세계적인 금융기관에서 조 스즈키란 이름으로 근무한 덕분이었을까. 저명한 해외 디자이너나 경영자도 흔쾌히 인터뷰에 응해주어 밀도 높은 시간을 쌓아올 수 있었다. 그리고 그 속에서 다양한 비밀과 맞닥뜨렸다.

Prologue

이를테면 지금 매장에 전시되어 있는 인기 상품도 한때는 잊혀 사라질 위기에 처한 적이 있었다. 그렇지만 사람들의 열의와 운에 힘입어 사랑받는 '명작'으로 부활했다. 가구를 만드는 이들의 진지한 자세도 이 책을 통해 전하고 싶은 비밀이다. 세상이 다 아는 일류 디자이너일지라도 좋은 물건을 만드는 사람은 결코 거드름 피우지 않고, 마음이 따뜻하며 열려 있다. 탁월한 경영자는 눈앞의 이익을 좇기보다 좋은 제품을 만드는 데 열정을 쏟는다. 자세히 소개할 기회가 적은 이런 무대 뒤 이야기를 꼭 전하고 싶었다.

인테리어를 좋아하는 사람뿐 아니라 평범한 회사원도 이 책을 꼭 읽어주었으면 좋겠다. 책 속에 몇 번이나 등장하는 미국 디자이너 찰스 임스의 손자인 드미트리오스 임스는 늘 이렇게 말한다.

"아이에게 음악이나 발레 교육을 시키는 가정이 많다. 그건 아이를 장래에 음악가나 발레리나로 만들기 위해서가 아니다. 폭넓은 교양을 익혀 균형 잡힌 인간이 되길 바라는 마음에서 다른 분야를 공부시키는 것이다. 그런 의미에서 디자인을 공부하는 것도 의미가 있다."

이 책을 쓴 뜻도 같다. 여기에 실린 비밀이 그저 디자인 지식에 머무르기보다 독자의 생활과 마음을 풍요롭게 만드는 자그마한 계기가 되기를 바란다.

Chapter
1

전설적
명작의
비밀

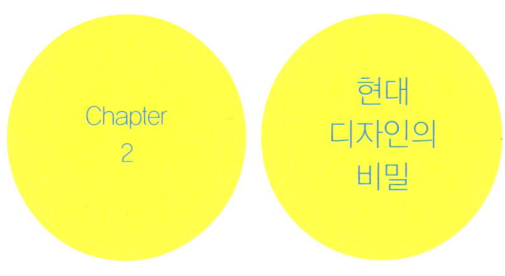

Chapter
2

현대
디자인의
비밀

Chapter
3

디자인
신시대의
비밀

Chapter
4

경영자의
비밀

Chapter

1

전설적
명작의
비밀

발표 후
35년이나
창고 신세를 진,

지나치게
전위적인 명작

LC2

카시나Cassina
당시 최신 소재이던 강철관을 쓴 소파
르 코르뷔지에, 피에르 잔느레, 샤를로트 페리앙(1928년)
W760×D700×H660×SH475mm

012

013

복각된 모델은
강철관을 구부린 듯
보이는 것이 포인트

출시 당시에는
지나치게 전위적이어서
거의 팔리지 않았고,
곧 생산이 중지되었다.

1965년,
시대에 맞는 형태로
복각

이탈리아 가구 회사 카시나에서 만들고 있는 LC2는 르 코르뷔지에Le Corbusier, 1887~1965의 대표작으로 꼽히는 작품이다. 처음 제작된 1920년대를 상징하는 소재인 강철관이 아름답게 L자형으로 구부러진 (듯 보이는) 소파다. 이 가구의 제작자 명단에는 르 코르뷔지에 외에도 같은 사무소에서 일하던 피에르 잔느레Pierre Jeanneret, 1896~1967와 샤를로트 페리앙Charlotte Perriand, 1903~1999의 이름이 올라가 있다. 특히 페리앙의 공헌이 컸고, 실질적으로 그녀가 디자인했다는 사실은 널리 알려져 있다. 그런데 명작으로 평가받는 이 소파는 사실 출시 당시에는 거의 팔리지 않았다.

샤를로트 페리앙은 1927년 강철관을 사용한 새로운 가구를 디자인하기 위해 르 코르뷔지에의 사무소에 들어온 촉망받는 디자이너였다. 그녀가 합류하기 전 르 코르뷔지에 사무소는 건축은 최첨단이지만 가구는 진부하다는 평가를 받던 터여서 건축에 맞는 참신한 가구를 디자인할 인물이 필요했다. 마침 그 무렵 살롱 도톤Salon d'Automne, 매년 가을 프랑스 파리에서 열리는 미술 전람회 - 옮긴이에 출품한 가구가 호평을 받아 우쭐해하던 페리앙은 르 코르뷔지에의 존재를 알고 그의 작업에 흥미를 느낀다. 그래서 그를 찾아가 자신의 작품을 소개했지만 문전박대를 당하고 만다. 그녀는 "살롱 전시회에 작품을 출품한 사람 중 내가 가장 젊고 미인이며 재능이 있다"라고 했을 만큼 외모에도 자신감이 넘쳤지만 사실은 기혼자였다. 르 코르뷔지에게 거절당했을 때 여자로서 자신의 매력을 깨닫지 못한다고 분개했다는 점도 참으로 프랑스인답다. 얼마 뒤 르 코르뷔지에와 잔느레는 직접 전시회에 가 작품을 보고 페리앙을 채용했다. 어째서 첫 만남에서는 채용하지 않았을까. 악평대로 르 코르뷔지에게 가구를 보는 안목이 없었던 것이 아닐까 의심스럽지만 진위는 알 수 없다.

샤를로트 페리앙이 합류한 후
르 코르뷔지에 사무소가
만들어낸 가구는
21세기 현대 건축에도
잘 어울린다.

017

이 시기에는 바우하우스Bauhaus, 1919년 독일에 설립된 조형 학교. 공업 기술과 예술의 통합을 목표로 교육을 실시해 현대 건축·디자인에 큰 영향을 끼쳤다 - 옮긴이가 성공시킨, 강철관을 사용한 가구 제작에 많은 디자이너가 도전했다. 이 새로운 소재는 미지의 가능성으로 창작자를 사로잡았다. 훗날 LC2가 되는 페리앙의 새로운 가구는 '쿠션 바스켓'을 이미지화한 것. 강철관으로 만든 바구니 안에 네모난 쿠션을 여러 개 끼워 넣어 소파로 만든 것이다. 하지만 가구 장인 중에는 강철관을 다루는 사람이 없었던 탓에 페리앙은 자물쇠 장인에게 금속 부분 제작을 맡겼다. 이렇게 해서 완성된 시제품은 혁신적이어서 르 코르뷔지에의 기대를 너끈히 채웠다.

다만 르 코르뷔지에의 단골 고객, 이를테면 부유한 지식층은 이 소파를 구입했지만 대량생산을 전제로 소파를 만들고 팔아줄 회사는 나타나지 않았다. 강철관으로 만든 가구가 일반인에게는 낯설어 채산이 맞지 않았기 때문이다. 결국 이 소파는 겨우 몇 개만 제작되었을 뿐 거의 팔리지 않아 사장되었다.

이 가구가 다시 세상에 나온 것은 발표되고 35년이나 지난 후인 1965년이다. 르 코르뷔지에의 가구를 재생산할 권리를 가진 스위스의 부유한 후원자가 디노 가비나라는 이탈리아 디자인계의 풍운아에게 작품의 복각을 의뢰한다. 가비나는 1962년에 마르셀 브로이어의 작품 S32 (39쪽 참조)의 변형판, 통칭 '체스카 의자'를 그 시대에 맞는 모습으로 되살린, 말하자면 사상 최초로 가구를 복각한 경영자다. LC2 디자인의 핵심은 강철관이 몇 군데나 구부러져 보이는 부분인데, 그러한 효과를 내려면 고도의 생산 기술이 필요하다.

그러나 가비나의 회사에는 그런 기술이 없었다. 그래서 가비나는 함께 이 탈리아의 현대 디자인을 이끌어온 절친한 벗이 경영하는 카시나를 찾았다. 이 회사는 고도의 기술력을 갖춘 데다 특히 소파를 잘 만들기로 정평이 난 곳이다. 이리하여 르 코르뷔지에와 페리앙의 감수 아래 LC2는 당시 최고 기술을 이용해 시대에 맞는 형태로 카시나에서 복각되었다. 35년 전에는 래커를 발랐던 금속 부분은 반짝이는 크롬으로 도금해 마무리했다. 강철 관을 매끄럽게 구부린 듯 보이는 것은 이 시대의 최신 기술 덕분이다.

이렇게 해서 세상에서 잊힌 명작이 우리 손에 들어오게 되었으니 기쁜 일이 아닐 수 없다. 한 가지 안타까운 사실은 복각 작업에 참여했을 때 페리앙 은 이미 미인이라고 할 나이가 아니고, 이 명작을 세상에 처음 선보였을 당 시의 사랑스러운 모습을 담은 사진을 끝내 구할 수 없었다는 점이다.

샤를로트 페리앙.
웃음 띤·얼굴에서
매력적이고 장난기 다분한
성격이 엿보인다.

거장
르 코르뷔지에의

눈 밖에
나다

높낮이 조절이 가능한
테이블 E1027
Adjustable Table E1027

클라시콘Classicon

상판 높이를 10단계로 조절할 수 있는

매우 기능적인 사이드 테이블

아일린 그레이(1927년)

ø 520×H640~1020mm

021

르 코르뷔지에.
바닷가에 있는
아일린 그레이의 집
'E1027'에 자주 드나들었다.

E1027은
순백의 사각형이 빚어내는
아름다움이 돋보이는 저택.
이 기하학적 그림은 설마….

범인은 바로 이 남자.
그림 선물이 그에게는
소통 수단 중 하나였지만….

르 코르뷔지에 말고도
이 집과 인연이 깊은
남자가 또 한 사람 있다.
그 인연에서 태어난
명작 가구는 과연 무엇일까?

Murals in Le Corbusier's Villa
E1027 of Jean Badovici and
Eileen Gray, Roquebrune-
Cap-Martin, circa 1939 ©FLC/
JASPAR-SPDA, 2014

의자 중에는 명작이 많지만 테이블은 명작으로 꼽을 만한 작품이 드문데, '높이 조절이 가능한 테이블 E1027'은 20세기를 대표하는 걸작이라 할 수 있다. 상판의 높이를 10단계로 조절할 수 있고, 상판과 다리를 잇는 봉이 중앙을 벗어나 끄트머리에 위치한 구조여서 다리를 침대나 소파 밑에 넣어 사이드 테이블이나 트레이로 쓸 수 있어 매우 기능적이다. 이 작품을 디자인한 사람은 영국의 아일린 그레이Eileen Gray, 1878~1976다. 그레이는 1927년 무렵 이 테이블을 12개쯤 생산했는데, 그 후에도 재생산을 원했지만 사후 몇 년이 지난 후에도 그 꿈은 이루어지지 않았다. 그녀의 존재가 50년 가까이 묻혀 있었기 때문이다. 어째서 그는 사람들 기억에서 지워졌을까. 그리고 'E1027'이라는 기호는 무슨 의미일까. 거기에는 그레이가 사랑한 열네 살 연하의 남자가 깊이 관련되어 있다.

이렇게 태연자약하게
있는 것을 보면 작정하고
저지른 행위가 틀림없다.
침대 왼쪽 옆에 있는
테이블에 주목하자.

Murals in Le Corbusier's Villa
E1027 of Jean Badovici and
Eileen Gray, Roquebrune-
Cap-Martin, circa 1939 ©FLC/
JASPAR-SPDA, 2014

프랑스를 중심으로 활동한 귀족 출신의 아일린 그레이가 디자인 역사에서 중요한 자리를 차지하는 까닭은 르 코르뷔지에보다 앞서 그가 제창한 근대 건축의 원칙을 본격적으로 구현한 집 'E1027'을 지었고, 그 집을 위해 강철관을 사용해 공업 제품 같은 다수의 가구를 디자인했기 때문이다. 그러나 그레이의 가구는 1920~1930년대에 아주 적은 수만 팔렸고, 구입한 사람은 거의 사교계의 명사였다. 일반인은 아일린 그레이의 존재를 알지 못했다.

그레이는 독학으로 건축을 공부하고 설계도 많이 했다. 그렇지만 실제로 지은 것은 두 채뿐이다. 그중 하나가 그레이의 운명을 바꾼 남자 장 바도비치Jean Badovici, 1893~1956의 조언을 받으며 코트다쥐르 해변에 지은 집 E1027이다.

그레이가 바도비치를 만난 것은 마흔 무렵이다. 바도비치는 아직 가난한 학생이었지만 그레이는 금세 그에게 빠져들었다. 그리고 얼마 지나지 않아 바도비치는 현대 건축을 다루는 잡지를 창간하고, 그레이는 그를 통해 르 코르뷔지에 등 각계의 저명인사와 친해졌다.

남프랑스의 해변에 자리한 집에 붙인 E1027이라는 이름은 그레이와 바도 비치의 이름을 짜 맞춘 것이다. 10은 알파벳의 열 번째 문자인 J, 2는 B, 7은 G를 의미한다. 즉 아일린 그레이의 이니셜 EG 사이에 장 바도비치의 이니셜 JB를 끼워 넣어 건물 이름으로 삼은 것이다. 그리고 이 건물에서 쓰기 위해 높낮이 조절이 가능한 테이블을 포함해 대표작으로 꼽히는 가구를 만들었다.

이 집에 종종 찾아오던 르 코르뷔지에는 그레이의 설계를 높이 평가했다. 그러나 1938년 큰 사건이 일어나고 만다. 그레이가 집을 비웠을 때 르 코르뷔지에는 주인의 허락도 없이 이 집의 새하얀 벽에 멋대로 극채색의 프레스코화를 8점이나 그렸다. 7점이었다거나 9점이었다는 설도 있다. 존경하던 사람의 만행에 그레이는 격노했다. 그러자 르 코르뷔지에는 태도를 싹 바꾸어 E1027의 설계자가 그레이가 아니라고 믿게 하는 공작을 다양하게 펼쳤다.

그레이는 건축·디자인계 거물이 휘두른 권력에 짓눌려 공식 무대에서 사라졌다. 아일린 그레이가 E1027을 설계했다는 논문이 발표된 것은 사후 3년이 지난 1979년의 일이다. 그레이는 권리와 명예를 되찾았고, 높낮이 조절이 가능한 테이블 E1027 바닷가 집을 위해 만든 가구에 E1027이란 이름을 붙인 것은 요 몇 년 사이 일이다을 포함한 가구도 복각되었다. 덕분에 우리는 그녀가 디자인한 명작 가구를 쉽게 손에 넣을 수 있게 되었다.

그런데 바도비치와 그레이는 결코 행복하지 않았던 모양이다. E1027이 완성되었을 당시 그레이는 쉰이었다. 열네 살 아래인 바도비치는 한창 놀기 좋아하는 나이였다. 그레이는 두 사람의 관계를 회복하기 위해 애썼지만 허사였다. 두 사람은 결국 헤어지고 말았다. 하지만 아일린 그레이가 가구 디자이너로서 진정으로 빛난 때는 98년의 생애를 통틀어 사랑하는 남자를 위해 천진난만하게 E1027을 설계하고 가구를 디자인한 시기였던 것 같다. 그랬기에 사랑의 증거로서 역사적 명작을 남길 수 있지 않았을까.

해변에 지은 E1027을
바다에서 본 광경.
흰 벽, 가로로 긴 창, 옥상 정원 등
근대 건축의 요소를 가득 담은,
당시 최첨단 설계에 따랐다.

사실은
본인도

식물무늬 벽지를
좋아하지
않았다!

트렐리스
Trellis

모리스 상회Morris & Co.
모리스가 처음 작업한 벽지 디자인 중 하나.
사랑하는 아내 제인과 살았던 신혼집 정원을
디자인 모티브로 삼았다.
윌리엄 모리스(1864년)
520×10,000mm

031

월리엄 모리스가
처음 디자인한 벽지

레드 하우스 정원에 있던
격자 울타리를 모티브로 했다.

당시 최신 기술인
'관찰'을 통해
꽃을 그렸다.

새를 그리는 데 서툴렀던
모리스는 친구에게
새를 그려달라고 부탁했다.

윌리엄 모리스William Morris, 1834~1896 하면 대개 '식물무늬 벽지와 텍스타일'을 떠올릴 것이다. 하지만 그가 세상을 떠났을 때 영국 신문은 그의 죽음을 '위대한 시인의 죽음'이라고 전했다. 소설가 아쿠타가와 류노스케芥川龍之介, 1892~1927의 도쿄제국대학 졸업 논문 내용도 시인으로서의 윌리엄 모리스를 연구한 것이었다. 그만큼 그는 시인으로서 상당한 명성을 떨친 인물이다. 그러나 지금은 그를 '현대 디자인의 아버지'로 평가하고 19세기에서 가장 중요한 인물로 보는 연구가도 적지 않다. 벽지와 텍스타일의 남자, 혹은 유명한 시인이 어째서 이토록 높은 평가를 받을까. 여기에는 비밀이 숨어 있다.

모리스는 부유한 계급 출신이었다. 그리고 그의 아내 제인 버든Jane Burden, 1834~1914은 19세기 영국을 대표하는 화가 로세티Dante Gabriel Rossetti, 1828~1882의 작품에 여러 번 모델로 등장한 절세 미녀다. 그러나 그녀는 신분제도가 있는 영국에서 부유한 계급의 남자와 결혼할 수 없는 미천한 신분이었다. 무엇보다 쓰는 말이 서로 달랐다. 그래서 제인에게 가정교사를 붙이고 교육시켜 어엿한 상류층 귀부인으로 길러냈다는 설도 있다. 그로부터 100년 후 만든 영화 〈마이 페어 레이디〉의 모델이 바로 모리스의 아내였다는 이야기다.

영국 화가 로세티의 대표작
'프로세르피나'(1874년).
모리스의 아내 제인을 모델로
그린 작품이다.

ROSSETTI, DANTE GABRIEL
《PRE-RAFFAELITE》 1874 /
사진제공 : aflo

035

모리스는 무뚝뚝하고 퉁명스러운 남자였다. 여자에게 재치 있는 말 한마디 건넬 줄 몰랐다. 그래서 결혼하고도 아내와는 마음이 통하지 않았던 모양이다. 그래서였는지 그가 쓴 시는 실연을 주제로 한 것이 대부분이다. 시집은 좋은 평판을 얻어 30대 후반부터는 시인으로 유명해졌다.

그가 디자인 작업을 하게 된 것은 제인과 신혼을 보내기 위해 레드 하우스 Red House라는 저택을 짓고 나서다. 새집에 어울릴 만한 세간을 찾아 나섰지만 그의 마음에 드는 물건을 파는 곳은 어디에도 없었다. 그래서 그는 친구들과 함께 가구, 벽지, 타일, 스테인드글라스, 식기 등 세간 일체를 직접 만들었다. 이 활동은 머지않아 모리스 상회라는 회사를 차려 인테리어 사업을 하는 데까지 발전한다. 다만 모리스의 고객은 상류계급뿐이었다. 그래서 19세기 시민은 인테리어 작업이 아니라 인쇄되어 유통되는 시집으로 그의 존재를 알았다.

유명한 벽지 '트렐리스', '프루트', '데이지'는 5년 동안 생활한 레드 하우스에서 디자인한 것이다. 흥미롭게도 이 벽지들은 처음에는 거의 팔리지 않았다. 그 시대의 최첨단 수법인, 나무와 풀과 꽃을 섬세하게 '관찰'해서 만든 도안은 안타깝게도 많은 이들의 눈에 그저 '속임수 그림' 같은 인상을 줄 뿐이었다. 그러나 모리스 상회의 권리를 사들인 회사는 이 브랜드의 가치를 소중히 키워냈다. 그리하여 시대를 앞선 모리스의 디자인 능력과 시류에 맞춘 회사의 색채 구성에 힘입어 모리스의 벽지는 21세기 사람들에게 환영을 받았다.

그러면 윌리엄 모리스가 '현대 디자인의 아버지'라고 불리는 이유는 무엇일까. 모리스가 남긴 유명한 말이 있다.

"쓸모없는 것, 아름답지 않은 것은 집에 두어서는 안 된다."

그는 부유한 집안에서 나고 자랐지만 부자가 재력을 과시하는 듯한, 여봐란 듯한 디자인을 싫어했다. 지금은 화려한 벽지로 알려져 있지만 자기 방에 그런 물건을 둔 적은 없었다. 특히 만년에는 "간소한 회벽, 나무로 만든 의자와 식탁이 있는 큼지막한 단칸방에서 살고 싶다"라며 모던 디자인과 통하는 간결한 양식을 선호했다. 그리고 자본가의 횡포로 조악한 제품이 시중에 나도는 데 회의를 느끼고 장인의 수작업으로 제품을 만드는 수공예의 복권을 호소하며 미술공예운동Art and Crafts Movement을 제창했다. 여기서 중요한 것은 부유층뿐 아니라 누구에게나 아름다운 제품이 필요하다는 사상이다. 또 이 운동에서 내건 목표 중 '간소함'과 '유용성'의 사상은 미국의 젊은 세대와 바우하우스에 영향을 미쳐 현대 디자인의 탄생으로 이어졌다.

이렇게 해서 20세기에는 시민을 위한 간결하고 기능적인 디자인이 넘쳐나게 되었다. 이런 의미에서 윌리엄 모리스는 '식물무늬 벽지와 텍스타일'을 디자인한 인물에 머물지 않는, 시대를 이끈 '현대 디자인의 아버지'였다. 이쯤 되면 그가 높은 평가를 받는 이유를 알 수 있지 않을까.

다음 중

바우하우스
양식을
고르시오

S32

토네트Thonet
바로 이것. 바우하우스에는
강철관과 검은 가죽을 조합해서 쓰라는 가르침은 없다.
마르셀 브로이어(1929년)
W460 × D600 × H820 × SH460mm

다리의 파이프를 네모꼴로 만들었다.
아이덱 모던AIDEC MODERN의 카쿠KAKU

두 가지 색의 가죽을 짜 넣은
모던한 디자인 코어COR의 서코CIRCO

가죽을 씌운 화려한 스타일
아이덱 모던의 루브Louv

너도밤나무를 검게 염색했다.
토네트의 214

가죽과 강철관의 조합
아이덱 모던의 첸토CENTO

인테리어를 좋아한다면 '바우하우스'라는 말을 들어본 적이 있을 것이다. 하지만 앞 페이지 퀴즈의 정답을 맞힌 사람은 적을 듯하다. 답을 맞히지 못한 사람은 머릿속에 이런 의문이 떠오를 것이다.

"바우하우스 양식이란 크롬으로 도금한 강철관과 검은 가죽을 조합한 세련된 양식의 가구를 가리키는 말일 텐데?"

사실 많은 잡지에서 그런 가구를 '바우하우스 양식'이라고 소개한다. 그럼 정답은 과연 무엇일까? 독일 바우하우스 데사우 재단의 학예 연구원 토르스텐 블루메 박사에게 바우하우스 양식이 무엇인지 물어보았다. 그랬더니 그는 딱 잘라 이렇게 말했다.

"애초에 바우하우스 양식이란 건 존재하지 않는다."

바우하우스는 1919년부터 1934년까지 독일에 있었던 조형예술 학교다. 블루메 박사의 설명을 들어보자.

"바우하우스에서는 귀족이 지배하던 시대의 공예와 다른, 싸고 아름다운 제품을 만드는 방법을 가르쳤다. 이러한 사상, 요컨대 모더니즘이 태어난 곳으로 20세기 디자인에도 큰 영향을 미쳤다. 21세기인 지금도 호불호와는 별개로 바우하우스를 모르면 디자이너가 될 수 없다."

마르셀 브로이어는
강철관으로 다양한 가구를 만들었다.
특히 S32를 팔걸이의자로 변형한
S64는 그의 딸 이름에서 따온
'체스카Cesca'라는 애칭으로
널리 알려진 인기 모델이다.

이 학교에서 모더니즘을 배운 마르셀 브로이어Marcel Breuer, 1902~1981나 막스 빌Max Bill, 1908~1994 같은 학생들이 졸업 후 활약을 펼치면서 디자인의 흐름이 크게 바뀌었다.

그러면 바우하우스에서 가르친 디자인의 특징은 무엇일까? 블루메 박사는 이렇게 정리했다.

"디테일에 대한 집착, 전체 비율의 아름다움, 품질에 대한 통찰, 최적의 소재 사용, 그리고 혁신성."

최적의 소재를 쓰라는 가르침이 곧 강철관을 쓰라는 뜻은 아니다. 나무가 어울리면 나무가, 유리가 어울리면 유리가 최적의 소재다. 단, 대량생산을 하기 쉽도록 사이즈나 사양을 통일하고 정사각형이나 직사각형 등 단순한 형태를 고른 것도 한 가지 특징이다. 학생 시절 마르셀 브로이어가 세계 최초로 구부린 강철관으로 의자바실리 체어를 만든 것도 혁신성이라는 점에서 바우하우스적이었다고 할 수 있다. 그 후 금속관을 사용한 의자와 제품이 바우하우스의 공방에서 탄생했다. 그중에서도 브로이어가 만든 'S32'는 바우하우스를 대표하는 의자다. 그러나 검은 가죽을 쓰지는 않았다. 애초에 강철관과 검은 가죽의 조합을 처음 시도한 것은 같은 시기 프랑스에서 활동하던 아일린 그레였으니 이 조합을 바우하우스 양식이라고 하기 더더욱 어렵다. 문제는 강철관과 검은 가죽의 조합을 많은 매체에서 '바우하우스 양식'이라고 오해하고 있다는 점이다. 이것은 큰 착각이다. 거듭 말하지만 바우하우스 양식은 존재하지 않는다. 이 학교에서는 특정 소재의 조합을 가르치지 않았다. 하지만 바우하우스와 관련 있는 디자이너가 강철관을 사용해 만든 가구는 인기가 많아 지금도 생산되는 제품이 많다.

그러다 보니 그 이미지가 날로 강해져 금속과 가죽을 사용한 무기질의 제품을 '바우하우스 양식'이라고 부르는 신화가 어느덧 탄생했을지도 모른다. 그러나 실제로 금속을 사용한 가구는 일부일 뿐, 목제 캐비닛이나 침대도 제작되었다. 또 바우하우스에서는 수업 과제를 통해 탄생한 디자인을 제품화해 판매하는 사업도 했는데, 당시 가장 많이 팔린 것은 다름 아닌 벽지였다. 그 외에도 유리로 된 티 세트, 유리와 나무를 조합한 샐러드 볼 같은 식기도 만들었다. 뜻밖일지 모르지만 이런 제품에도 바우하우스의 정신이 반영되었다.

바우하우스 재단의 블루메 박사에게 현대에서 '바우하우스적'인 제품을 꼽는다면 어떤 것이 있겠느냐고 물어보았다. 의외의 답이 돌아왔다. 먼저 스웨덴의 이케아IKEA 제품. 싸고 아름다운 대량생산품이라는 점에서 바우하우스의 정신이 반영되었다고 한다. 아이폰도 그렇다. 복잡한 시스템을 단순화했다는 점에서 바우하우스 사상의 영향을 받았다고 할 수 있단다. 일본의 무지루시료힌無印良品, 무인양품에는 바우하우스의 교장이던 루트비히 미스 반 데어 로에Ludwig Mies van der Rohe, 1886~1969가 주창한 '적을수록 풍요롭다less is more'라는 정신과 비슷한 면이 반영되어 있다고 평가했다. 디자인이 빼어난 데 비해 가격은 저렴하고, 과도하게 광고나 브랜드 이미지에 의존하지 않는 점도 바우하우스적이란다.

알고 보면 우리 주변에 바우하우스적인 물건이 넘쳐나고 있으니 놀라울 따름이다. 강철관과 검은 가죽이 조화를 이루는 가구뿐 아니라 21세기를 살고 있는 우리의 일상을 풍요롭게 하는 기본적인 사상이야말로 사실은 바우하우스적이다. 이 정신이 20세기 디자인을 얼마나 크게 바꾸었는지 쉽게 상상할 수 있을 것이다.

디자인
세계에서는

신비한 마법을
가르칩니다

PH 램프
PH Lamp

루이스 폴센Louis Poulsen
로그 나선을 이용한 전등갓의 곡선으로
기존 조명의 문제점을 해결했다.
출시 이래 지금까지 꾸준히 팔리고 있는 제품이다.
폴 헤닝센(1926년)
PH 3/2 펜던트 모델 :
ø 284 × H254mm, 60W × 1

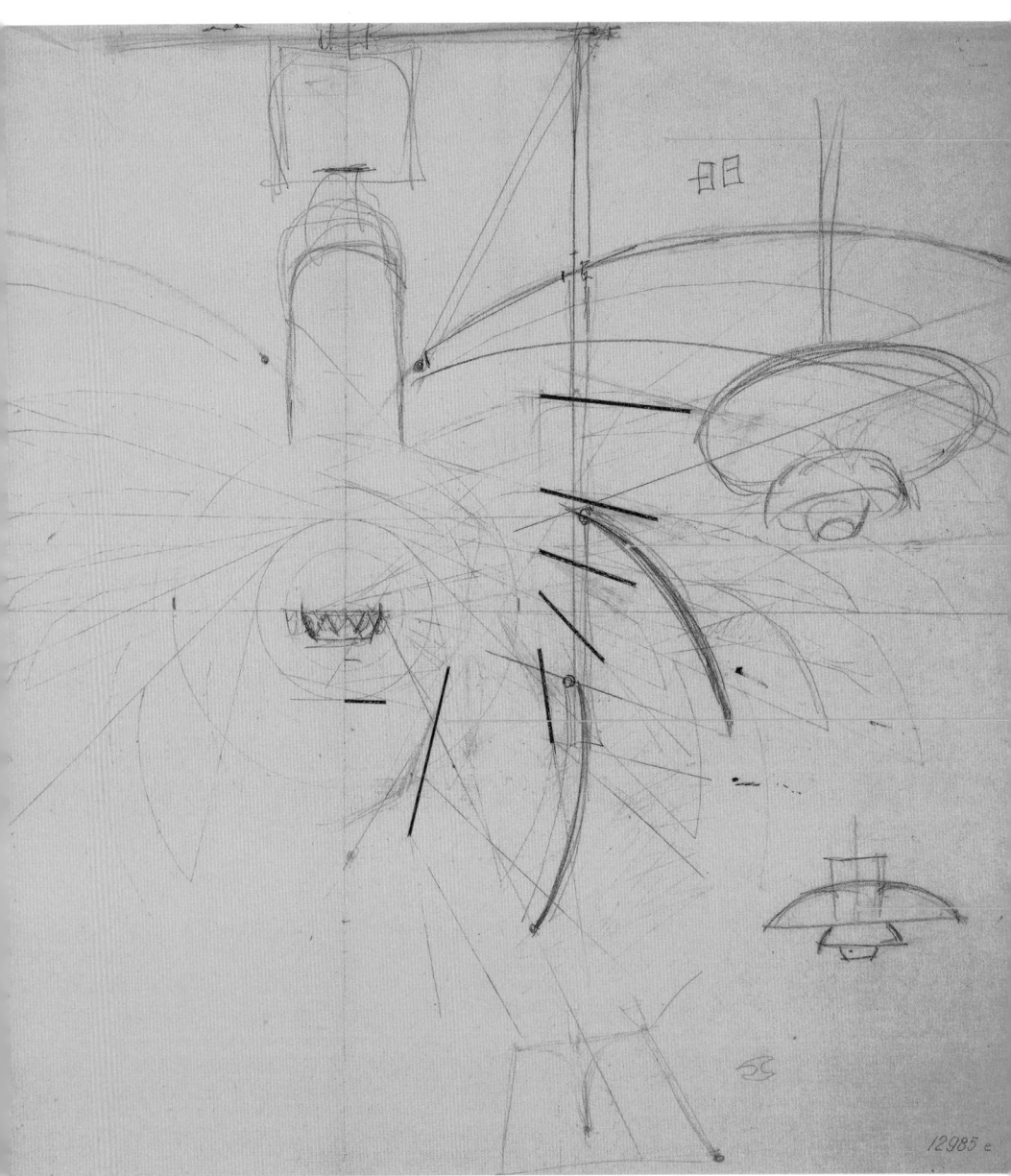

12985 e

048

PH 램프 제작을 위한
최초 밑그림
(1925년)

전등갓이 세 장인
조명의 최초 이미지

검은 선은
전등갓을 여섯 장으로
구성했을 때의 모습을 나타낸다.

스케치 초기 단계에서
현재와 같은 형태가
탄생했다.

이집트의 피라미드나 신전에 매혹되는 사람은 적지 않다. 게다가 그런 건축물은 5000년이 훨씬 지난 지금도 여전히 아름다워 보인다. 황금비 덕분이라는데, 황금비란 '사물이 가장 아름다워 보이는 비율'을 뜻한다. 자연계에 존재하는 아름다운 것, 이를테면 앵무조개나 해바라기에는 이 수치가 숨어 있다고 알려져 있다. 고대 신전 설계자들은 황금비를 쓰면 아름다워 보일 뿐 아니라 신비한 힘이 발휘된다고 믿었다는 이야기도 전한다. 과연 어떤 힘이었을까.

그런데 이 황금비는 이집트 외에도 그리스의 파르테논 신전, 르네상스 시대의 명화 '모나리자'에도 쓰였다. 그뿐만 아니라 현대에도 일부 가구 디자이너가 그 비율을 적용했다. 이 책에 등장하는 르 코르뷔지에, 임스 부부, 아르네 야콥센, 그리고 이번에 소개할 폴 헤닝센 등이다. 그들이 황금비를 써서 만든 가구를 보면 지금까지 꾸준히 팔리는 제품이 많다. 덴마크에서는 다섯 집 가운데 한 집꼴로 야콥센의 가구를 찾아볼 수 있다고 한다. 그보다 인기 높은 것이 헤닝센이 디자인한 조명이다. 모국 덴마크의 가정에서는 30퍼센트 가까운 보급률을 기록한다고 하니 놀라울 따름이다. 그런 헤닝센의 대표작인 'PH 램프'에는 이집트 신전에나 어울릴법한 신기한 이야기가 전한다.

PH 램프를 처음 사용한
코펜하겐의 전시회장.
새 전시회장의 개장을
축하하는 의미로
열린 모터쇼(1926년)에 대한
기사가 많은 신문에 실리면서
PH 램프는 금세 인기를 끌었다.

폴 헤닝센Poul Henningsen, 1894~1967은 발명가를 목표로 삼았던 인물로 평생에 걸쳐 100가지 조명을 세상에 내보냈다. 그가 조명을 연구한 것은 1910년대 후반부터다. 일부 부유층 가정에서만 사용하던 조명 기구가 일반 가정에 막 보급되던 시기였다. 이 무렵 조명은 천으로 만든 버섯 모양의 전등갓을 달고 있는 것이 일반적이었다. 한편 이 시기는 독일 바우하우스에서 금속 전등갓을 채용한 현대적인 디자인의 조명을 선보인 때이기도 했다. 그런 시대에 헤닝센이 지향한 것은 형태나 소재가 아니라 빛의 질이 뛰어난 조명이었다. 그는 당시의 조명 기구에 해결해야 할 세 가지 문제가 있다고 생각했다. 빛의 효율적 이용, 빛이 건강에 미치는 영향, 그리고 쾌적한 공간의 연출. 밝기가 한정된 빛을 제대로 다스려야 조명이 필요한 장소를 필요한 만큼 밝힐 수 있다. 불필요하게 전구 조도를 높이면 번쩍대는 강한 빛이 눈에 직접 들어가고 만다(번쩍이는 빛은 눈에 악영향을 주므로 이것을 어떻게 막느냐가 그의 변치 않는 명제였다). 헤닝센은 빛이 적절하게 확산되어 방 전체 분위기를 편안하게 하는 조명을 만들어야 한다고 생각했다. 그리고 독자적인 이론을 실천하기 위해 많은 실험을 거듭했다.

그 성과가 형태로 나타난 것이 1925년 발표한 PH 램프다. 디자인의 핵심은 전등갓이었다. 전등갓은 모두 세 장, 지름 비율은 4:2:1, 광원에서 37도 각도로 빛이 직접 닿도록 부채꼴을 그린다. 전등갓이 이루는 곡선을 바로 옆에서 보면 앵무조개와 비슷하다. 사실은 이 곡선이 일종의 황금비를 따라 만든 것이라고 한다. 아름다울 뿐 아니라 필요한 조도를 확보해 눈부심 없이 방 전체에 부드러운 빛이 퍼져나가게끔 되어 있다. 황금비로 구성된 전등갓이 빛을 가장 알맞게 확산시킨다니 놀랍다. 게다가 각각의 전등갓이 50퍼센트, 25퍼센트, 25퍼센트(바로 아래 떨어지는 빛을 포함한다)의 빛을 반사한다고 하니 신비롭기까지 하다.

PH 램프는 발표하자마자 금방 인기 상품이 되었다. 본격적으로 제조하기에 앞서 헤닝센은 루이스 폴센이라는 회사와 손잡고 금세 다양한 크기와 유형의 모델을 만들어냈다. 그 후 루이스 폴센은 잘 알려졌다시피 디자인의 역사를 말할 때 빼놓을 수 없는 조명 제조 회사가 되었다.

그로부터 80여 년이 흐르는 동안 수많은 조명이 탄생했다. 하지만 꾸준히 팔리는 제품은 그렇게 많지 않다. PH 램프의 장수 비결은 황금비에서 비롯된 아름다움과 빛의 효과가 아닐까. 들리는 이야기로는 덴마크의 왕립 미술 아카데미에서는 이 황금비에 대한 수업을 제대로 실시한다고 한다. PH 램프의 성공을 보면 황금비에 숨은 신비한 힘의 존재를 새삼 생각하게 된다.

최근에는
전등갓에 색을 입힌
모델이 등장해
더 많은 사람이
PH 램프의 매력을
다시 인식하게 되었다.

복고풍만이
매력의
다가 아닌

조명의 여왕
1227

오리지널 1227
Original 1227

앵글포이즈Anglepois
용수철의 특성과 사람 팔의 구조를 조합해 만든,
지난 80년을 통틀어 가장 기능적인 조명
조지 카워딘(1934년)
갓의 지름 142mm,
최대 길이 302+324mm, 15W×1

056

057

'테리의 앵글포이즈'라는
이름으로 출시.
테리는 누구?

갓에 맞춰 특별 주문한
램프 홀더.
여기에도 비밀이
숨어 있다.

사람 팔처럼
자유자재로 움직여
원하는 장소에
고정할 수 있다.

이 용수철이 포인트.
세 개가 각각 다른
버팀대를 조작한다.

영국의 조명 기기 회사 앵글포이즈에서 내놓은 '오리지널 1227Original 1227'
은 미니스커트, 이층 버스 등과 함께 20세기 영국을 대표하는 디자인으로
뽑혀 기념우표에도 등장한 명작 조명이다. 요즘에는 독특한 복고풍 양식
으로 인기를 모으고 있는데 사실 이 제품은 조명의 역사를 바꾸었다는 평
가를 받는 걸작이기도 하다. 처음 등장한 이래 30년이 지난 지금까지도 이
제품의 구조를 능가하는 작업용 조명은 없다고 할 만큼 기능이 탁월해 많
은 조명이 이 제품을 모방하고 있다. 이번에는 이 오리지널 1227을 둘러싼
이야기를 소개한다.

이 조명은 1930년대 전반, 영국에서 조지 카워딘George Carwardine,
1887~1948이 처음 만들었다. 카워딘은 자동차에 쓰이는 현가장치suspension,
노면의 충격이 차체나 탑승자에게 전달되지 않도록 충격을 흡수하는 장치 - 옮긴이를 제작하
는 엔지니어였는데, 자신이 운영하는 공장에서 쓸 작업용 조명을 원했다.
단, 광원을 자유자재로 움직일 수 있고 필요한 장소에 고정할 수 있는 조명
이어야 했다.

그래서 그가 직접 고안한 것이 '앵글포이즈 램프'다. 당시 자동차에는 코일 모양의 용수철을 썼다. 카워딘은 현가장치 전문가다운 노하우를 살려 이 용수철로 새로운 조명을 만들어낸 것이다. 구조는 사람 팔과 매우 흡사하다. 먼저 길이가 같은 팔arm 두 개를 자유롭게 움직이도록 연결한다. 그리고 한쪽에는 전등갓을 붙이고 반대쪽에는 받침대와 용수철을 짜 맞춘다. 여기서 핵심은 용수철이 사람의 팔 근육 같은 역할을 한다는 것으로, 힘을 조금만 주어도 잘 움직일 뿐 아니라 원하는 위치에 전등갓이 확실하게 고정되는 획기적인 구조가 탄생했다. 걸작 영화 〈제3의 사나이〉에도 이 조명이 등장하는데, 생각에 잠긴 경관이 무의식중에 갓을 이리저리 움직였다 멈췄다 하는 장면이 인상적이다. 원하는 위치에 전등갓을 고정할 수 있다는 점이 앵글포이즈의 가장 큰 매력이다.

카워딘은 이렇게 탄생한 편리한 작업 조명을 공장이나 사무실뿐 아니라 가정에서도 쓸 수 있게끔 디자인을 바꾸어 용수철 제작 회사인 허버트 테리 앤드 선즈Herbert Terry and Sons Ltd.를 통해 '앵글포이즈 1227'이란 이름으로 판매했다. 이 1227이란 숫자는 그 회사에서 제조, 판매하는 용수철의 세품 번호에서 비롯되었다. 앵글포이즈 1227은 출시되자마자 날개 돋친 듯 팔려나갔다. 그 후 구조가 비슷한 조명이 셀 수 없을 만큼 많이 등장했다.

참고로 가정용으로 제작되면서 전등갓 주변 디자인이 크게 바뀌었다. 빛이 잘 확산되도록 도중에 각도를 키운 것이다. 소재는 전구의 열이 잘 전달되지 않는 알루미늄을 선택했다. 전등갓 상부의 램프 홀더는 특별히 주문한 것처럼 보이지만 사실은 기성 부품을 사용했다. 비용 절감에 큰 역할을 한 이 부품이 1960년대에 생산이 중지되면서 상품 자체의 생산까지 중지되고 마니 얄궂은 이야기다. 하지만 생산이 중지된 지 40년이 훌쩍 지나고도 앵글포이즈 1227은 인기를 끌었다. 편리한 기능, 운치 넘치는 복고적인 외관, 게다가 팔의 각도에 따라 감정이 있는 생물처럼 보이기도 한다는 점 때문이다. 골동품 시장에서도 인기가 높아 세 대밖에 제작하지 않은, 기존 제품보다 길이가 세 배 긴 자이언트 1227이 경매에 나왔을 때 영화감독 팀 버튼이 낙찰받는 등, 마니아가 따르는 존재였다.

전류가 흐르는 코드 외에는
현재 출시되는 제품과
큰 차이가 없는
출시 당시 모델.
밝은 색을 써서
더욱 현대적으로 보인다.

063

옆에 실린 영국 우표 도안을 보자. 오른쪽 위에 그려진 것은 젊은 시절 엘리자베스 여왕의 옆얼굴이다. 여왕이 등장하는 기념우표의 모델이 되었다니 얼마나 특별하고 영광스러운가. 첫머리에 소개했듯이 앵글포이즈 1227은 2008년 말에 '20세기를 대표하는 영국 디자인'으로 선정되어 그 모습을 담은 기념우표가 발행되었다. 이후 출시 75주년이 된 2009년, 앵글포이즈는 출시 당시의 원형대로 복각되었다. 많은 사람이 그토록 바라던 모양 그대로였다. 다만 모양은 옛날 그대로이되 현재의 전기 기준에 가장 알맞은 소재로 만든 21세기 모델이다. 이름은 옛날의 1227에서 따와 '오리지널 1227'이라고 붙였다. 1930년대에 작업에 필요해서 만든 조명이지만, 기능에서 이를 뛰어넘는 제품은 당분간 나오지 않을 듯하다. 게다가 가정에 놓아도 어색하지 않은 외관은 우리를 감동시키는 따뜻함을 품고 있다. 오리지널 1227은 앞으로도 오래도록 사람들에게 사랑받는 조명으로 남을 것이다.

1ST

Anglepoise Lamp
Designed by George Carwardine

2008년 말,
미니스커트와 이층 버스,
콩코드 등과 함께
20세기 영국을 대표하는
디자인으로 선정되어
기념우표 모델이 되었다.

파리 카페에서
이 의자에 앉으면

와인보다
맥주가 맛있다?

A 체어
A Chair

톨릭스Tolix
아연으로 도금한 철제 의자로 실외 사용,
겹쳐 쌓기가 가능하다. 뉴욕 현대미술관MoMA과
파리 퐁피두 센터에도 소장되어 있다.
자비에 포샤르(1934년)
W450×D460×H680×SH350mm

067

SIÉGES ET MEUBLES
MÉTALLLIQUES

TOLIX

'톨릭스의 금속제 의자'와
테이블이라는 광고

맥주 회사와 제휴한 탓에
맥주 회사의 의자라고
여겨지기도 했다.

프랑스 교외의
노천카페에서 흔히
볼 수 있었다.

사람들의 눈길을 끌게끔
화려한 색상을 쓴
모델이 많았다.

해외 인테리어를 소개하는 잡지나 웹사이트를 보면 2010년대에 세계에서 가장 인기를 끌고 있는 제품은 프랑스 가구 회사 톨릭스의 'A 체어A Chair'인 것 같다. 그야말로 많은 가정에서 이 의자를 쓰고 있다. 파생 모델을 포함해 일주일에 2000개나 생산한다고 하니 압도적인 베스트셀러다.

지금까지 이 A 체어는 '카페 등지에 놓여 파리 풍경의 일부가 되었다'라고 소개되어왔다. 하지만 1990년대 초, 파리에서 3년간 머무는 동안 나는 이 의자를 본 기억이 없다. A 체어가 파리 풍경의 일부이던 때가 과연 있었을까. 조사해보니 뜻밖의 사실이 드러났다. 이 의자는 20세기 중반까지 팔리다가 그 후 생산이 일시 중지되어 사람들의 기억에서 잊혔다. 그러다 21세기에 부활했는데, 여기에는 알려지지 않은 이야기가 있다.

A 체어는 아연 강판 의자다. 이 소재는 얇은 철판에 아연을 도금한 것으로 가볍고 녹이 잘 슬지 않는다는 장점이 있다. 프랑스 지방 도시에 있던 톨릭스는 이러한 소재의 특성을 살려 주방 도구 등 일상용품을 만드는 공방이었다. 그런데 1920년대 전반, 겹쳐 쌓을 수 있는 실외용 의자와 테이블을 만들어달라는 의뢰가 들어온다. 이제 막 금속으로 만든 실외용 의자가 나오기 시작하던 시기여서 파리의 대리점에서 시장성이 있다고 판단해 의뢰한 것이다. 시행착오 끝에 지금 같은 형태의 의자가 완성된 것은 1933년이다.

A 체어를 처음 구입한 곳은
교외에 있는 부유층 대상의
온천 시설.
녹이 잘 슬지 않고
겹쳐 쌓아놓을 수 있어
실외용 가구의 요건을
만족시켰다.

이렇게 탄생한 A 체어는 1950년대에 이르러 판매가 급격히 증가한다. 어느 맥주 회사가 자사 제품을 판매하는 카페에 회사 로고를 넣은 파라솔과 함께 A 체어를 실외용 의자로 제공했기 때문이다. 튼튼해서 비바람에 강하고 겹쳐 쌓아놓을 수 있어 자리를 덜 차지하는 아연 강판 의자는 실외 공간에 안성맞춤이었다. 그 때문에 한눈에 띄는 색을 입힌 모델이 거리의 휴식 장소에 줄지어 있곤 했다. 덕분에 A 체어는 연간 6만 개가 생산되었고, 프랑스 교외 카페에서 흔히 볼 수 있는 의자가 되었다. 그런데 프랑스 사람들은 대개 이 의자를 톨릭스의 제품이 아니라 맥주 회사의 제품으로 생각했던 모양이다.

치솟던 판매량도 맥주 회사와 제휴가 끝나면서 반으로 줄어들었다. 게다가 1960년대에 값싼 플라스틱 가구가 등장하면서 상황은 더욱 악화되고, 급기야 생산이 중단된다. 그 후 한동안 A 체어는 잊힌 존재가 되었다.

재생산의 계기는 1983년에 마련되었다. 파리에서 새로운 점포를 열기 위해 금속제 의자를 찾던 젊은 디자이너가 우연히 톨릭스에 들렀다가 지붕 밑 다락방에 남아 있던 A 체어와 맞닥뜨린다. 여기서부터 A 체어의 부활 이야기가 시작된다. "이 의자는 반드시 다시 생산되어야 한다"라는 디자이너의 말에 고무되어 톨릭스는 견본 시장에 제품을 내놓았다. 하지만 한번 생산 중단된 의자에 대한 시장의 평가는 차가워서 생각처럼 잘 팔리지 않았다. 2004년, 오랫동안 가족 경영으로 이어오던 회사는 결국 파산하고, 창업자 가족은 톨릭스에서 손을 뗐다. 하지만 이야기는 여기서 끝나지 않는다. 경리 담당이던 샹탈 앙드리오가 회사를 사들였기 때문이다. 새로운 사장의 지휘 아래 적극적인 전략과 남은 종업원의 노력에 힘입어 A 체어는 다시 속속 팔려나갔다. 흥미로운 것은 처음에는 실외에서만 쓰이던 의자가 차츰 실내에서도 쓰이게 되었다는 사실이다. 실내에서도 부엌용 간이 의자처럼 쓰이다가 이제는 버젓이 식탁용 의자로 쓰이고 있다.

이렇게까지 인기가 높아진 것은 사장이 온 힘을 다했기 때문만은 아니다. 이 의자가 쓰기 편한 일상용품에서 출발했기 때문이다. 그렇다. 의자는 우리가 매일 사용하는, 가장 친근한 도구 중 하나다. 그런 A 체어를 프랑스 정부는 '귀중한 문화유산'으로 인정하고 톨릭스를 '역사적 가치가 있는 현존하는 중소기업'으로 선정했다. 더없이 합리적이라고 알려진 파리지앵들도 앞으로는 A 체어를 오래도록 깊이 사랑해줄 것이다.

1960년 무렵에 제작한 빈티지.
아무리 녹에 강해도
세월을 이겨내지는 못한다.
이렇게 낡았지만
여전히 현역에서 활약하는
의자가 많다.

Photo : dodo

건축의
거장과
일본의

보이지 않는
인연

탤리에신
Taliesin

야마기와YAMAGIWA
건축계의 거장이 자신의 건축에 사용해온 조명을
일본의 야마기와가 복각
프랭크 로이드 라이트(1933/1994)
탤리에신 3 : W210×D210×H752mm, 10W×5

076

077

원래는 놓을 공간에 맞추어
하나하나 다른 사이즈로
만들었다.

프랭크 로이드 라이트는
이 조명을 무척 좋아해
자신의 거주지인
'탤리에신'에서도 사용했다.

간접적인 빛 덕분에
조명 자체가 오브제처럼
보인다.

라이트가 설계한
'묘니치칸明日館'에서 촬영.
중요문화재로 지정된 이 건물은
도쿄 이케부쿠로에 있다.

잡지나 매장에서 볼 기회가 많은 인테리어 소품이지만 제조 회사의 이름은 모를 때가 종종 있다. 이를테면 20세기를 대표하는 건축가 프랭크 로이드 라이트Frank Lloyd Wright, 1867~1959가 디자인한 조명 '탤리에신 2Taliesin 2'가 그렇다. 사실 이것은 미국에 있는 프랭크 로이드 라이트 재단의 의뢰를 받아 세계에서 유일하게 일본의 야마기와에서 복각한 것이다. 전 세계의 숱한 조명 회사를 다 제쳐놓고 일본 기업에 의뢰한 것이다. 어떻게 일본에 의뢰하게 되었는지 그 뒷이야기를 소개한다.

라이트가 활약하던 시대에는 가구든 조명이든 잘 만든 기성품이 없어서 많은 건축가가 건물과 함께 내장, 가구, 조명까지 제작했다. 탤리에신 2의 원형이 되는 조명이 처음 등장한 것은 1933년이다. 흔히 볼 수 있는, 바닥에 놓는 유형이 아니라 천장에서 늘어뜨리는 펜던트형이었다. 라이트는 이 디자인이 마음에 들어 같은 디자인의 조명을 자신의 건축에 몇 번이나 썼을 뿐 아니라 자신의 거주지인 '탤리에신'에도 사용했다. 탤리에신은 라이트의 밑에서 건축을 배우는 학생들이 공동 생활하는 학원 같은 시설로, 조명 이름도 여기에서 따왔다.

자세히 살펴보면
나무 하나하나를 매우 정교하게
짜 맞추었음을 알 수 있다.
처음 만들었을 때는 일본의 도편수
(궁궐, 사찰 등 전통 목조건축물의
제작을 총괄하는 우두머리 목수 – 옮긴이)
밑에서 배운 장인의 손을 거쳤다.

그럼 복각 이야기로 넘어가자. 1990년 무렵, 놀랍게도 사전에 아무런 언질도 없이 프랭크 로이드 라이트 재단이 직접 야마기와에 조명을 복각해달라고 의뢰해왔다고 한다. 일본에서 라이트는 제국 호텔 설계자로 유명한데, 그는 그때 받은 디자인비를 몽땅 우키요에 일본 에도 시대에 유행한, 서민의 일상생활이나 풍경, 풍물 등을 그린 풍속화 - 옮긴이 로 바꾸어 귀국할 만큼 일본 문화에 관심이 높았다. 그렇기 때문에 재단에서도 처음부터 일본 업체에 높은 관심을 보였다는 말도 있다. 게다가 라이트는 나무 외에 유리나 금속 등 다채로운 소재를 사용해 조명을 만들었다. 이를테면 탤리에신 2는 목재를 매우 정교하게 짜 맞추어 완성했다. 유리와 금속으로도 나무 소재 못지않은 품질 높은 조명을 만들 수 있는 회사는 전 세계에 그리 많지 않다.

프랭크 로이드 라이트 재단과 야마기와는 1992년 정식으로 복각 계약을 맺었다. 계약 조건은 이랬다. 일본과 미국에서 동시 발매할 것. 1994년 2월 뉴욕 현대미술관에서 열리는 프랭크 로이드 라이트 회고전에서 발표할 것. 만약 프랭크 로이드 라이트가 살아 있다면 어떻게 만들었을지 예상해서 제작한다는 것이 복각 규칙 중 하나였다. 그런데 그 실마리가 될 설계도가 남아 있지 않았다. 그래서 야마기와에서는 몇 번씩 미국으로 건너가 조사해서 복각할 수 있는 조명을 추려 목록을 만들었다.

탤리에신 2는 그때 선정된 12점 가운데 하나다. 그런데 건축에 따라 탤리에신 2의 사이즈가 제각각 다르다는 사실이 드러났다. 놓일 공간에 맞춰 가장 알맞은 크기로 만든 것이다. 하지만 당시 일본의 건축은 천장 높이가 일반적으로 2300mm였다. 그래서 복각판은 그때까지 만든 것 가운데 가장 낮은 2038mm짜리를 선택했다. 다만 일본에서는 이 사이즈도 지나치게 클 때가 있어 야마기와의 제안에 따라 일본 한정으로 높이 752mm의 모델 '탤리에신 3'도 제작했다. 이 제품은 복각의 원형은 존재하지 않지만, 재단의 승인을 얻어 정식으로 제작한 탤리에신 2의 변형판이다.

라이트는 건축을 할 때 그 건축물이 자리 잡을 땅에서 나온 목재를 썼다. 물론 조명도 마찬가지여서 탤리에신 2의 소재도 제각각이었다. 그래서 야마기와는 똑같이 재단의 의뢰를 받아 가구를 복각했던 이탈리아의 카시나가 쓴 벚나무 목재로 조명을 만들기로 했다. 가구와 조명의 소재가 같으면 한 공간에 놓아도 잘 어울리기 때문이다. 이렇게 해서 나무의 따뜻함과 부드럽게 퍼지는 빛을 더해 수공업의 장점을 갖춘 탤리에신 2가 완성되었다.

여담이지만 야마기와에 따르면 제작 회의를 진행하면서 재단이 전 세계의 조명 회사를 상세하게 조사했음을 알게 되었다고 한다. 심지어 재단은 야마기와의 도쿄 매장까지 몰래 방문해 면밀하게 조사했던 모양이다. 그 결과 일본 기업이 선택받았으니 일본인으로서 일본 제조업계의 장인 정신이 자랑스럽다.

프랭크 로이드 라이트는
겨울철에는 추운
위스콘신 주에 있는
탤리에신을 떠나
따뜻한 애리조나에 있는
탤리에신 웨스트에서 생활했다.

Photo : Joe Suzuki

합판 열풍을
일으킨
의자는

이것!

파이미오 체어
Paimio Chair

아르텍Artek
이 의자의 등장이 임스 부부,
나아가 아르네 야콥센의 창작 의욕을 부채질했다.
알바 알토(1932년)
W600 × D800 × H640 × SH330mm

087

핀란드의 시골 마을
파이미오에 있는 요양원의
가장 높은 층 베란다에
파이미오 체어를 놓았다.
주변은 울창한 숲으로
둘러싸여 있고,
지은 지 80년이 지난 지금도
시야를 가리는
높은 건물이 없다.

Photo : Joe Suzuki

파이미오라는
핀란드 시골 마을에 있는
요양원에 의자가
들어갔을 때

결핵 환자가
편히 가슴을 펼 수 있도록
고안한 디자인

요양원에서는
일광욕용 베란다에 놓였다.
앉는 면이 검은색이라
햇빛이 닿으면 따뜻해지는
효과도 있다.

1920년대에 바우하우스에서 강철관 가구가 나오고, 동시대 창작자들은 하나같이 이 신소재로 가구를 만드는 데 열중했다. 그러나 1930년대가 되자 형태는 강철관으로 만들던 가구와 똑같되 소재만 목재로 바꾼 디자인이 등장한다. 1930년대는 한마디로 합판 가구가 크게 유행한 시대였다. 1940년대에 접어들어 미국의 임스 부부가 만든 LCW(135쪽 참조)가 등장하면서 이 소재의 인기는 더욱 높아진다. 그리고 그 성공에 자극받은 덴마크의 아르네 야콥센이 1950년대에 발표한 것이 '세븐 체어'다.

이처럼 디자이너들의 관심을 일시에 합판으로 이끈 주인공은 핀란드 출신의 건축가 알바 알토Alvar Aalto, 1898~1976다. 그가 1930년대에 발표한, 합판을 사용한 현대적이고 합리적인 가구가 디자인사의 흐름을 바꾼 것이다.

알바 알토가 디자인한 가구 중 합판을 쓴 대표적인 작품이라면 아무래도 '파이미오 체어Paimio Chair'일 것이다. 1932년 핀란드의 시골 마을 파이미오에 지은 요양원의 베란다에 놓기 위해 디자인한 의자다. 그는 아내 아이노 알토Aino Aalto, 1894~1949와 함께 요양원의 설계와 내장, 가구 디자인을 맡았다.

의자 사진을 보면 더없이 모던한 형태라는 것을 알 수 있다. 사실 이 의자는 결핵 환자가 편한 자세로 앉아 가슴을 펴고 일광욕을 할 수 있도록 고안한 것이다. 당시 유일한 결핵 치료법으로 알려진 방법이 맑은 공기를 듬뿍 마시는 것이었기 때문이다. 앉는 면은 햇빛을 흡수해서 따뜻해지도록 검게 칠한 합판을 사용했다. 일체를 이루는 등받이와 앉는 면은 체중으로 휘면서 쾌적한 느낌을 준다.

이 요양원을 위해 알토 부부는 파이미오 체어처럼 전부 나무로 된 가구 외에 금속으로만 이루어진 바우하우스풍 가구, 합판에 강철관 다리를 더한 가구까지, 세 종류를 디자인했다. 그중 다리에 강철관을 쓴 합판 가구는 독일 등에서 인기를 끌었다. 그런데 알토는 파이미오 체어의 탄생을 계기로 강철관 가구의 디자인은 중단하고 목제 가구만 디자인하기로 한다. 왜 그런 결단을 내렸을까?

알토 재단의 루티 이사장은 "핀란드는 겨울이면 영하로 내려가는 추운 나라이고, 당시에는 난방 시설도 많이 보급되지 않았다. 그런 만큼 손이 닿는 부분에 금속을 쓴 가구는 어울리지 않는다고 판단했을 것이다"라는 의견을 내놓았다. 일찍이 알토가 설립한 가구 회사 아르텍의 수석 디자이너 코스키넨은 "당시 핀란드는 가난해서 철을 구하기 힘들었다. 쉽게 구할 수 있는 것은 목재 자원뿐이었다"라고 분석했다.

여러 가지 설에 덧붙여 알토는 다음과 같이 생각했다고 한다. 국내에 많이 자생하는 자작나무를 쓰면 실업자가 넘쳐나는 핀란드에 일자리를 만들 수 있지 않을까. 강철관 의자는 대량생산하기에는 좋지만 차가운 느낌이 나서 요양원 환자를 치유할 따뜻함이 없으니 이용자를 생각하면 나무 같은 자연 소재가 낫지 않을까.

이렇게 해서 탄생한 파이미오 체어는 특히 국외에서 높은 평가를 받아 1933년 런던에 소개되자마자 상업적으로 큰 성공을 거둔다. 당시 영국의 어느 건축 잡지 경영자는 이 의자가 크게 성공한 이유가 "합판이라는 경제적인 형태의 목재를 사용해 저렴하게 판매할 수 있었고, 도구로서 높은 내구성을 갖추었으며 참신하지만 해괴하지 않은 디자인이어서 아름다울 뿐 아니라 실용적이었기 때문"이라고 지적했다. 자신이 만든 가구가 잘 팔리지 않아 고민하던 바우하우스의 디자이너들은 이 의자가 성공을 거둔 것을 보고 모던한 형태일지라도 나무나 합판을 쓰면 팔린다는 사실을 깨닫고 강철관으로 가구 만들기를 포기한다.

이렇게 해서 합판 가구의 열풍이 불어닥쳤다. 파이미오 체어가 탄생한 배경에는 유행하는 소재를 쓰고 싶다는 디자이너의 이기심 대신 인간의 심리까지 헤아리는 따뜻한 마음이 있었다. 그것이 많은 지지를 받고 사람들의 관심을 합판으로 향하게 한 것이다.

파이미오 요양원을 비롯해 알바 알토(오른쪽)가 설계한 초기 건축에는 아내 아이노의 공헌이 크다.

핀란드에는

피오르
해안이
없습니다

알토 꽃병
Aalto Vase

이딸라Iittala
자유로운 곡선으로 이루어진 혁신적인 형태의 꽃병.
헬싱키의 사보이 레스토랑에 처음 놓인 까닭에
사보이라는 별명으로도 불린다.
알바 알토(1936년)
W195×D185×H160mm

094

095

핀란드 헬싱키에 있는
고급 레스토랑 사보이.
알바 알토가
내장 디자인을 맡았다.

여기에 놓여 있다
유명해진 꽃병에
'사보이'라는 애칭이
붙었다.

원도 사각형도 아닌
유기적인 형태가 특징이다.

현재 레스토랑에서는
꽃을 적게 쓸 수 있는
키 큰 꽃병을 쓴다.

이딸라의 '알토 꽃병Aalto Vase'은 20세기에 디자인된 것 중 가장 유명한 꽃병이다. 이 제품을 국내에 소개할 때는 "알바 알토가 자국의 '피오르 해안 빙하의 침식으로 생성된 골짜기에 빙하가 없어진 후 바닷물이 들어와 생긴 좁고 긴 만 - 옮긴이'을 본떠 만들었다"라고 흔히 설명한다. 하지만 알토의 나라 핀란드에는 피오르 해안이 없으므로 이 설명은 틀렸다. 또 하나 유력한 설로 호수의 모양을 본떴다는 이야기도 있지만 이것도 썩 믿기지 않는다. 대체 이 형태는 어디서 비롯되었을까? 속 시원한 설명을 듣기 위해 핀란드에 직접 조사하러 갔다가 뜻밖의 사실을 알아냈다.

처음 찾아간 곳은 알토 재단이다. "알토의 부친이 측량 기사였으니 등고선에서 실마리를 얻지 않았을까?"라는 이사장의 의견은 설득력이 있었다. 알토는 건축가였으므로 건축 모형도 만들었다. 일찍이 알토의 사무소로 쓰이던 재단의 벽에는 그가 만든, 언덕의 굴곡을 등고선으로 나타낸 모형이 걸려 있다. "핀란드 호수 중 이 꽃병처럼 생긴 것이 과연 있을까? 호수를 본 떴다면 더 단순하게 만들었을 것이다"라는 설명도 그럴듯했다.

다음에 찾아간 곳은 헬싱키에 있는 고급 레스토랑 사보이Savoy다. 내장은 1930년대 알토가 디자인한 당시 모습 그대로다. 가장 흔히 사용하는 160mm 높이의 알토 꽃병은 여기서 쓰이다 세계적으로 알려져 '사보이'라는 애칭으로 불리곤 한다. 취재차 찾아간 시간은 월요일 영업시간 전. 엘리베이터 문이 열리자 배달된 꽃이 잔뜩 놓여 있는 광경이 눈에 들어왔다. 각각의 테이블에 놓인 꽃병에 꽃을 꽂이다. 다만 테이블에 놓인 꽃병은 96쪽 사진에서 보듯 키가 크다. 꽃을 적게 꽂아도 되는 형태라서 꽃값이 비싼 핀란드에서는 인기라고 한다.

처음에는 나무를 도려내
알토 꽃병의 자유로운
형태를 만들었다.
지금도 유리 불기 기술로
장인이 하나하나
섬세하게 만들고 있다.

알토는 생전에 많은 것을 말하는 사람은 아니었던 모양이다. 그 때문에 짧은 체류 기간 동안 확정적인 결론을 얻지는 못했다. 그러나 사소하게나마 알아낸 사실이 있다. 이 꽃병은 1936년 이딸라가 주최한 유리 제품 공모전에서 우승을 차지했다. 우승 작품은 이듬해 파리 만국박람회에 나가게 되어 있었다. 이때 핀란드관의 설계를 맡은 사람도 알바 알토다. 이 꽃병의 특징은 뭐니 뭐니 해도 유기적인 형태다. 그때까지 꽃병이라고 하면 원이나 사각형을 바탕으로 한 것이 대부분이었다. 그런데 이토록 전위적인 꽃병이 큰 상을 받은 이유는 무엇일까. 알토의 전기 작가는 정치적 압력이 있었다고 지적했다. 즉 핀란드 정부는 세계적으로 지명도가 높은 알토를 처음부터 우승시키고 싶었을 것이다. 조사해보니 심사위원 중 다수가 알토와 친분이 있는 사람이었다. 고개가 끄덕여졌다. 헬싱키 교외의 이딸라 마을에서 열린, 공모전 우승자를 위한 파티에 참석하고 돌아오는 길에 몇몇 평론가가 이 디자인에 격노해 선물로 나누어준 알토 꽃병을 전차 차창 너머로 내던졌다는 이야기를 납득할 수 있었다.

시대를 앞서나간 디자인은 금세 이해받지 못할 때가 있다. 알토 꽃병은 당시로서는 획기적인 디자인이었다. 하지만 핀란드에서 파리 만국박람회에 내보낼 물건이었다는 배경을 생각하면 세계를 놀래기 위해 일부러 이렇게 디자인한 것은 아니었을까. 20세기를 대표하는 꽃병에는 아직 많은 비밀이 숨어 있는 듯하다.

Chapter

2

현대
디자인의
비밀

가슴처럼
아름답고 편안하다,

시대를 바꾼
소파

인형 '07
Le Bambole '07

비앤비 이탈리아B&B Italia
새로운 제조법으로 만들었음을 시각적으로 드러낸
획기적인 형태의 소파
마리오 벨리니(1972년)
W1660×D890×H740×SH430mm

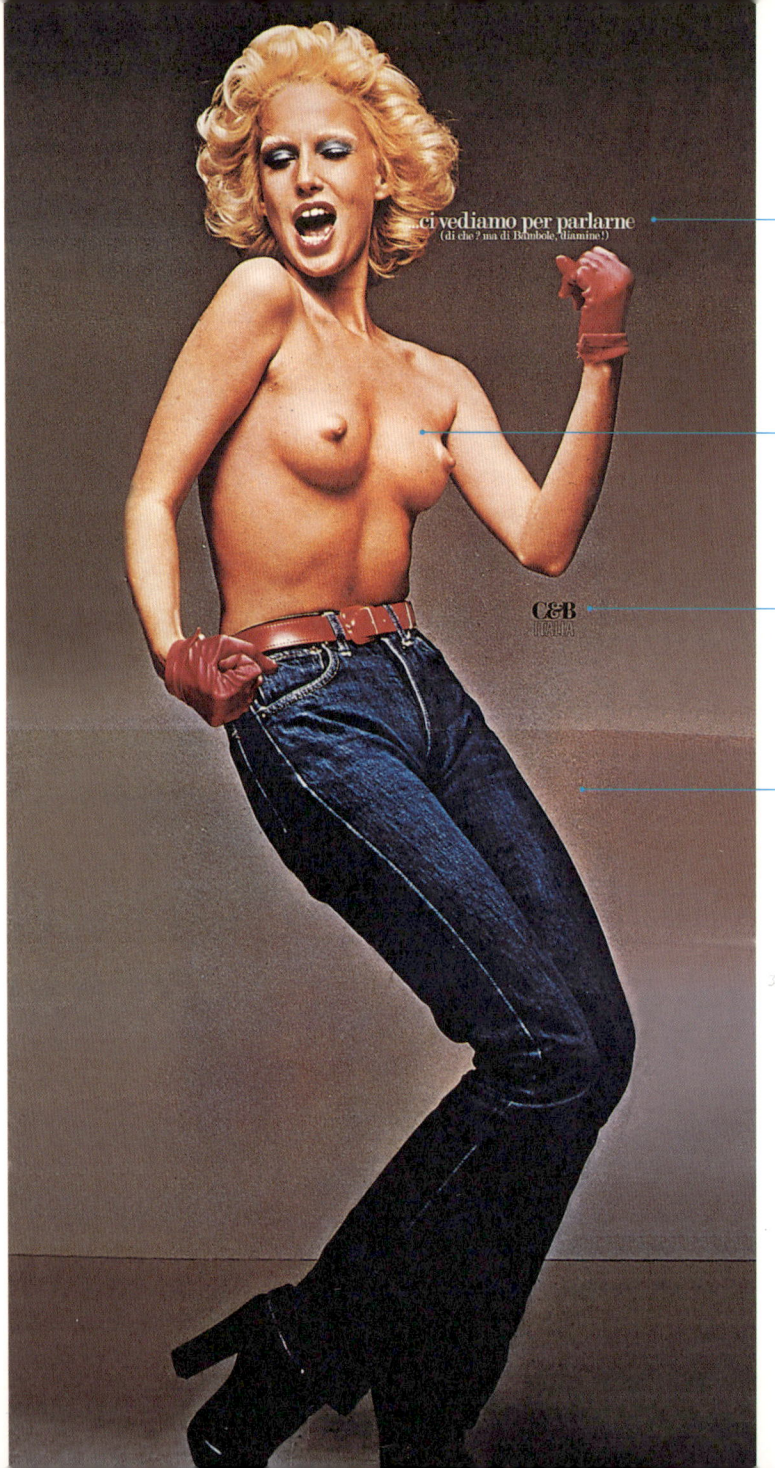

...ci vediamo per parlarne
(di che ? ma di Bambole, diamine !)

C&B
ITALIA

이탈리아어로 쓰인 문장은
'그것에 대해 이야기하자'라는 뜻.
'그것'은 이 소파를 가리킨다.

모델의 가슴과
소파의 특징이 같다는
도전적인 광고

당시에는 비앤비 이탈리아의 전신인
'시앤비 이탈리아C&B Italia'
라는 이름으로 나왔다.

사진 속 모델은
슈퍼모델 케이트 모스의
어머니

왜 가구 광고로 이런 포스터를 선택했을까? 힌트는 여성의 가슴이다. "우리 회사 소파는 모양이 좋은 데다 푹신하다. 새로운 방법으로 만들었기 때문에 가능한 일이다"라는 메시지가 담겨 있다. 이것이 비앤비 이탈리아의 소파, '인형Le Bambole'의 광고다. 1972년 밀라노 국제가구박람회 전시장에 내걸린 이 포스터를 보고 주최 측은 지나치게 자극적이라는 이유로 가슴 부분만 가려놓았다고 한다. 그러자 사람들 사이에 더욱 입소문이 퍼져나갔다. "그거 봤어? 그 젖가슴 소파 말이야" 하고.

그러면 소파 내부에는 원래 무엇이 들어 있을까? 제2차 세계대전 전에는 짚이나 해조를 완충재로 사용했다. 전후에 등장한 것이 우레탄을 쓴 쿠션재다. 쉽게 말해 스펀지다. 이 소재는 보통 벽돌 모양으로 생산된다. 이것을 그대로, 또는 일부를 자르거나 깎아서 소파 속에 넣는다. 현재 일본에서 판매되는 가격이 싼 소파 중 약 80퍼센트가 이런 방식으로 제작된다.

출시 당시 만든 다른 버전의 광고.
현재 나오고 있는 제품은
2007년 새롭게 디자인한 것으로
쿠션재도 상당히 진보해
형태나 부드러움이 예전 모델과
약간 다르다.

이 제조 방법의 문제는 네모난 벽돌 모양의 스펀지를 아무리 깎는다 해도 형태에 한계가 있다는 점이다. 또 쿠션재를 속에 넣고 고정할 때 숙련공의 기술이 필요하다. 그런데 이탈리아의 사업가 피에로 부스넬리가 새로운 제조 방식을 들여왔다. 영국에서 열린 어느 견본 시장을 찾았다가 우연히 본 시연이 계기였다. 틀에 두 종류의 액체를 넣었더니 부글부글 커지다가 이윽고 부드러운 오리 장난감이 되는 것을 보고 그의 머릿속에 아이디어가 번뜩였다. 이 방법, 즉 저온 발포 몰드 우레탄 공법으로 소파를 만들 수 있지 않을까, 하는 것이었다. 당시 이탈리아 가구업계에는 현대적인 디자인이 등장했지만 소파는 여전히 전통 방식으로 만들고 있었다. 부스넬리는 숙련공에게 의존할 필요 없는 이 방법으로 소파를 대량생산한다는 목표 아래 새 사업을 구상한다. 그리고 출자금을 마련하기 위해 업계 거물인 카시나의 경영자 체사레 카시나를 찾아가 원조를 요청한다. 공동 사업에 대한 두 사람의 합의가 순조롭게 이루어져 1966년에 탄생한 것이 비앤비 이탈리아의 전신인 시앤비 이탈리아다. 카시나는 자본금의 반을 출자했을 뿐 아니라 자신이 알고 있는 사업 노하우를 부스넬리에게 아낌없이 제공했다. 그 덕분에 시앤비 이탈리아는 당시로서는 가장 효율적인 공장을 만들 수 있었다. 그 덕분에 아무 경험도 없는 농부라도 일주일만 기술을 익히면 소파를 만들 수 있었다. 이렇게 해서 소파는 대량생산 시대를 맞게 되었다.

또 카시나는 당시 이탈리아의 일류 디자이너들과 작업했는데, 카시나와 손을 잡은 덕분에 부스넬리도 그들에게 디자인을 의뢰할 수 있었다. 새로운 제조 방법은 디자이너들의 창조력을 자극했다. 저온 발포 몰드 우레탄 공법은 틀만 만들면 어떤 형태로든 소파를 만들 수 있었기 때문이다. 이렇게 해서 그때까지 존재하지 않았던 형태의 소파가 속속 등장한다. 대표적인 예가 '인형'이다. 이탈리아 건축계의 거장 마리오 벨리니Mario Bellini, 1935~의 디자인은 팔걸이에서 등으로 이어지는 선이 부드러운 곡선을 그린다. 게다가 양쪽 팔걸이가 위를 향하고 있어 슬쩍 가슴처럼 보이기도 한다. 소재의 부드럽고 편안한 느낌 때문에 한층 그렇다. 한편 등받이와 앉는 면은 탄력 있는 쿠션재로 이루어져 있다. 이런 형태는 종래의 제조 방법으로는 만들 수 없었다. 또 커다란 틀 하나를 이용해 소파 전체가 하나의 쿠션재로 이루어진다. 그래서 내구성이 강하고 겉감 아래서 뒤틀릴 걱정도 없다. 이 독창적인 디자인과 높은 품질, 그리고 첫머리에서 소개한 사람의 눈을 끄는 광고에 힘입어 '인형'은 시대를 바꾼 명작 가구의 반열에 올랐다.

그건 그렇고 소파를 가슴에 비유하다니, 아이디어를 생각해낸 사람이 누군지 뭘 좀 아는 사람인 듯하다. 비앤비 이탈리아는 새로운 제조 방법 때문에 가능해진, 모양 좋은 쿠션재로 가구를 만들기 위해 태어난 회사다. 광고는 그 특징을 자극적으로 전달했다. 이렇게 해서 이 회사가 업계에 들여온 새 제조 방법은 이후 가구 디자인의 흐름을 크게 바꾸어놓았다.

저온 발포 몰드 우레탄 공법으로
가구를 만들어 역사를 바꾸었다는
점 때문에 지금도 업계에서는
비앤비 이탈리아를
한 수 위의 존재로 여긴다.

지금의
인기는

안도 다다오의
건축
덕분입니다

Y 체어(CH24)
Y Chair(CH24)

카를 한센 & 쇤Carl Hansen & Søn
Y자 등받이가 특징. 중국 명나라 시대의 의자를
새롭게 디자인한 작품으로,
일본에서 절대적인 인기를 누리고 있다.
한스 베그너(1949년)
W550×D510×H740×SH430mm

Photo : Tadao Ando

건축가 안도 다다오의
초기 대표작으로 꼽히는
오사카의 주택,
'스미요시 나가야'(1976년)

건축의 비율을 보여주기 위해
가구를 배치했다.

콘크리트로 둘러싸인 주택에서
나무의 질감이 도드라진다.

실내에 놓여 있는 것이
Y 체어

이런저런 주택을 보여주는 텔레비전 프로그램을 보면 일본에서 가장 사랑받는 명작 의자는 카를 한센 & 쇤에서 출시한 'CH24'라는 생각이 절로 든다. 등받이 부분이 Y자로 보여 흔히 'Y 체어Y Chair'라는 애칭으로 불리는 이 의자는 일본에서만 한 해에 수천 개씩 팔릴 만큼 인기가 높다. 설마 이 의자가 20년 전에는 거의 일본에서만 팔렸다고는 아무도 생각하지 못할 것이다. 그뿐 아니라 그때 이 회사에서 생산하는 제품은 이 의자 한 종류뿐이었다. 해마다 여러 종류의 모델을 발표하는 최근 경향에서는 도저히 상상할 수 없지만 그 이면에는 알려지지 않은 부활 스토리가 있었다. 거기에는 두 사람의 인물이 엮여 있다.

Y 체어가 태어난 해는 1949년이다. 제2차 세계대전이 끝난 후 사회는 급속한 변화를 맞았다. 가구의 세계에서도 변화가 있었다. 그 전까지 일부 지식층만 흥미를 보이던 모던한 가구를 이제 일반 서민까지 찾는 시대가 온 것이다. 시대의 변화를 꿰뚫은 카를 한센 & 쇤의 2대 사장 홀게르 한센은 회사의 방침을 '소비자가 디자인과 품질로 선택하는 적정 가격의 가구 만들기'로 변경한다. 그리고 한스 베그너Hans J. Wegner, 1914~2007를 대표 디자이너로 발탁한다. 그때 베그너가 작업한 가구 중 하나가 중국 명나라 시대14~17세기의 의자를 새롭게 디자인한 Y 체어였다. 기존 디자인을 새롭게 바꾸는 것은 북유럽 디자인의 특징 중 하나로, 옛 가구를 현대적으로 재해석하는 작업이다. 베그너는 책에서 명나라 시대의 의자 사진을 보고 아이디어를 얻었다고 한다.

안도 다다오가 설계한,
아카시해협대교에 가까운
해변에 세운 '4×4 주택'
(2005년 준공)에도
Y 체어가 놓여 있다.

Photo : Mitsuo Matsuoka

이 의자는 1950년대 미국에서 인기를 끌었는데, 그 시기 북유럽 가구가 붐을 이룬 덕분에 대대적인 홍보 없이도 잘 팔렸다. 회사는 비약적으로 성장했지만 1970년대 이후 흐름이 크게 바뀐다. 플라스틱 가구가 등장하고 이탈리아 가구가 인기를 끌면서 나무로 만든 북유럽 가구의 인기는 시들해지고 많은 공방이 문을 닫는 처지에 내몰렸다. 게다가 이미 1962년에 사장 홀게르가 세상을 떠난 뒤였다. 뒤를 이을 두 자녀는 아직 어린 10대라, 회사는 시대의 파도를 넘지 못한 채 침체를 맞는다.

한편 일본에서는 발매되고 나서 1990년 무렵까지 Y 체어는 소수의 애호가 사이에서 열광적인 인기를 끌었다. 지금처럼 절대적인 인기를 누리게 된데는 일본에서 판매 체제가 제대로 정착된 데다 건축가 안도 다다오_{安藤忠雄, 1941~}가 자신의 건축에 이 제품을 사용한 것이 크게 작용했다. 안도는 1969년부터 이 의자를 자기 사무소에서 쓰고 있었다. 게다가 장인의 손길이 느껴지는 Y 체어와 콘크리트를 드러낸 채 마감한 건축이 자아내는 무기질의 질감은 서로를 돋보이게 한다. 안도 건축의 인기에 불을 지핀 노출 콘크리트 건축이 유행하면서 건축뿐 아니라 Y 체어도 주목을 끌었고, 자신의 작품에 이 의자를 들여놓는 건축가가 늘어났다. 이런 현상은 일본뿐 아니라 해외까지 영향을 미쳤다고 한다.

그리고 드라마의 두 번째 주인공이 등장한다. 홀게르 사장의 차남 크누드 에리크다. 그가 2002년 사장으로 취임하면서 회사가 극적으로 바뀌었다. 국제 감각을 갖춘 사업가였던 그는 형에게서 물려받은 회사를 거의 전부 바꾸었다. 그가 이룬 개혁 가운데 가장 눈에 띄는 것을 꼽자면 근대적인 공장으로 이전한 일일 것이다. 1940년대부터 가동한 공장의 주변은 주택가가 되어 규모를 키우기도 어렵고 소음 때문에 말썽을 빚을 소지가 컸다. 그래서 그는 교외에 최신 설비를 도입한 공장을 지었다. 그 결과 취임 당시와 비교해 12년 동안 매출이 12~13배로 늘었다. 종업원도 17명에서 200명으로 대폭 증가했다.

새로운 사장이 바꾸지 않은 것 중 하나는 회사의 자세다. 그는 "지금보다 두세 배 비싸게 팔 수 있지만 중류 가정에서 살 수 있는 것을 제공하지 못한다면 의미가 없다"라고 말한다. 이 의자의 아름다움과 품질이라면 돈을 더 내도 상관없다는 사람도 있겠지만, 그렇게 되면 이 의자는 일부 호사가의 차지가 되고 만다. 회사의 변함없는 자세 덕분에 지금도 우리는 품질이 뛰어난 Y 체어를 적정한 가격에 소유할 수 있다.

2010년,
Y 체어 탄생 60주년을 맞아
25가지 다채로운 색상을 추가해
베스트셀러 모델의 매력을
한층 높였다.

일류
디자이너의
사랑을 받은

잠수함용
의자

1006 네이비
1006 Navy

에메코Emeco
미국 해군이 만든 알루미늄 합금 의자.
잠수함에 넣을 수 있도록 폭을 좁게 디자인했다.
디자이너 미상(1944년)
W390×D500×H860×SH460mm

1990년대에는
유명 디자이너들이 몰래
애용하기도 했다.

드라마 〈섹스 앤 더 시티〉에서
주인공들이 모이는 카페에
쓰이면서 큰 인기를 모았다.

일부러 용접 자국을
남겨놓은 것은
수작업으로 만든 제품임을
증명하기 위해서다.

에메코의 제품 번호 1006번 제품, 통칭 '해군 의자Navy Chair'에는 다양한 일화가 있다. 특히 제조 방법을 둘러싼 잘못된 도시 전설이 꽤나 나돈다. 이를테면 직공이 시행착오를 겪어 지금의 생김새가 되었다는 이야기를 들은 적이 있다. 앉는 면의 곡선은 섹시한 여배우의 엉덩이로 틀을 찍어 만들었다는 이야기도 유명하다. 공장에서는 직공들이 라디오를 들으면서 작업을 하기 때문에 그날 흐르는 음악에 따라 미묘하게 모양이 달라진다는 소문도 들었다. 전부 거짓말이다. 미국 공장까지 가서 확인하고 사장도 인터뷰했다. 그 결과 이 의자에 감동적인 이야기가 담겨 있다는 사실을 알게 되었다.

원래 이 의자는 미국 해군이 잠수함에서 쓰기 위해 알루미늄 합금으로 만든 제품이다. 알루미늄은 가볍지만 철보다 세 배나 튼튼하고 물에 강해 녹이 슬지 않는다. 배나 잠수함의 좌우 흔들림을 줄이기에 좋고, 바다라는 가혹한 환경에서도 버텨내는 튼튼한 의자를 만드는 데 안성맞춤이다. 다만 가공하기가 어렵다. 그래서 20년에 걸친 군의 연구 끝에 1944년 알루미늄 의자 제조 회사가 작은 시골 마을에 설립되었다. 지금의 에메코다.

소음용 귀마개를 하고
손으로 작업하는 직공.
다양한 소음이 넘쳐나는
공장 안은 워낙 시끄러워서
라디오를 들으며
느긋하게 작업할 만한
상황이 아니다.

디자이너가 밝혀지지 않았기 때문에 직공이 감과 경험으로 만들었다고 생각하기 쉽지만 그렇지 않다. 군에 납품할 의자였기 때문에 군에서 제공한 두꺼운 설명서와 설계도를 바탕으로 제작해야 했다. 이때 군의 의뢰로 생산한 의자는 수천 종류에 이른다. 그중 제품 번호 1006번이 잠수함에서 사용하기 위해 만든 의자, 통칭 '해군 의자'다. 아름다운 모양에서 전통적인 미국 의자가 연상되는 이 알루미늄 의자는 잠수함의 해치로 넣을 수 있도록 폭을 좁게 디자인했다.

이제 이 의자를 만드는 방법을 살펴보자. 녹인 알루미늄을 틀에 흘려 넣기만 하면 된다고 생각했다면 큰 착각이다. 거의 모든 부품을 공장에서 직접 만들고, 77가지 공정을 대부분 손으로 작업한다. 군데군데 남아 있는 용접 흔적이 그 증거다. 그리고 중요한 것이 마지막 공정인 경화 처리다. 특수 용액에 담가 강도를 높이는 작업이다. 보증 기간을 150년으로 설정해 판매할 만큼 이 작업을 통해 튼튼하게 마무리된다. 때때로 복제품이 눈에 띄지만 제조 수준이 낮고 대개는 몇 년 지나지 않아 용접 부분이 망가지고 만다. 지금도 미국에서는 첫 구입자에게 평생 보증을 붙여 판매하고 있다.

그러면 직공들이 라디오를 들으면서 느긋하게 작업한다는 소문이 거짓말이라는 사실을 확인해보자. 실제 공장 안에서는 내구성 실험을 하는 소리, 프레스 작업을 하는 소리, 연마하는 소리 등 다양한 소리가 넘쳐난다. 라디오를 틀어도 하나도 들리지 않을 만큼 소란스러운 공간이다. 그렇기 때문에 음악은 흐르지 않는다. 당연히 라디오에서 나오는 곡으로 모양이 미묘하게 달라진다는 이야기도 거짓말이다.

이렇게 품질 높은 해군 의자에도 한 가지 문제가 있다. 알루미늄의 특성상 열전도율이 높다는 점이다. 여름에는 직사광선을 쬐어도 기온과 같은 온도밖에 오르지 않고 서늘하지만 기온이 내려가면 버티기 힘들다. 한랭 지대에서 강제로 죄수를 앉혔을 때 "이렇게 차가운 의자에는 앉을 수 없다"라는 불만이 쏟아졌다고 한다. 그래서 사소한 거짓말이 보태졌다. 물결치듯 팬 의자의 앉는 면은 당대의 스타였던 섹시한 여배우 베티 그레이블의 엉덩이에서 틀을 따 만들었다고 소문을 흘린 것이다. 이 거짓말에 속은 남자들은 의자가 차가워도 기꺼이 앉았다. 지금도 이 이야기를 믿는 미국인이 많아서 다양한 매체에 소개되고 있지만 에메코의 그레그 부크바인더 사장에게 확인해보니 그 소문은 거짓이었다.

마지막 비밀은 이 해군 의자가 지금도 계속 생산되는 이유다. 에메코는 몇 번이나 도산 위기를 맞았다. 이 의자는 1970년대까지 누계 100만 개가 팔렸지만 구입처는 군수 시설 중심이었다. 국제 정세가 변화하면서 전쟁 위기가 옅어지자 판매량은 떨어졌고, 이윽고 경영 부진으로 에메코는 매각되었다. 회사는 몇 번이나 소유주가 바뀌었다가 1978년, 상업 시설용 가구 세조 회사를 운영하는 제이 부크바인더의 손에 넘어간다. 그러나 그가 인수한 후에도 회사의 실적은 오르지 않았다. 결국 1997년 그는 공장을 닫기로 결단을 내리고 사업을 돕던 아들 그레그를 공장으로 파견한다. 공장을 처음 방문한 그레그의 눈에 띈 것은 사원이 전화로 고객과 대금의 지불 시기를 둘러싸고 말싸움을 벌이는 장면이었다. 들어보니 조르지오 아르마니라는 회사가 대금의 선불에 응하지 않는다는 이야기였다. 맞다. 바로 그 유명한 패션 브랜드 조르지오 아르마니다(업계 상식은 후불이지만 긴 세월 공공 기관이 주 거래처로 삼던 에메코에서는 선불을 당연하게 여겼다).

시골 마을에서는 아르마니를 모를 수도 있다. 혹시나 하는 생각에 서둘러 고객 리스트를 조사해보니 유명 디자이너와 건축가의 이름이 즐비했다. 1990년대에 근근이 팔리던 해군 의자가 사실은 세계적인 건축과 맨해튼의 근사한 레스토랑에 들어가고 있었던 것이다. 이 의자의 가능성을 확신한 그레그는 공장을 폐쇄하기는커녕 아버지에게서 회사를 사들이고, 직접 알루미늄 의자를 짊어지고 영업에 나섰다.

그리고 이듬해인 1998년, 그는 국제 가구 견본 시장이 열리는 뉴욕으로 향했다. 영업을 하기 위해서였다. 돈이 없어 회사는 참가하지도 못했지만 주최자의 호의로 견학을 허락받았다. 게다가 마침 그날 당대의 인기 디자이너 필립 스탁Philippe Starck, 1949~이 현장을 방문했다. 행운이었다. 이 절호의 기회를 틈타 그레그는 스탁에게 뉴욕 파라마운트 호텔에 해군 의자를 써주어서 고맙다는 인사를 한다. 그 호텔의 내장을 맡았던 디자이너가 바로 스탁이다. 그때 그레그의 나이 마흔. 캘리포니아에서 자란 그는 원래 시간 날 때마다 바다로 향하던 서퍼였다. 스탁은 오래된 회사니만큼 노인이 경영하리라 생각했던 에메코의 사장이 이토록 젊다는 데 놀랐다. 두 사람은 금세 의기투합했다. 그날 밤 두 사람은 술잔을 기울이며 화기애애하게 대화를 나누었다. 게다가 이 인기 디자이너는 그 자리에서 에메코를 위해 신작 의자의 스케치를 그려주었다. 이렇게 해서 탄생한 것이 호텔 허드슨을 위해 제작한 '허드슨 의자'다. 이 의자는 발표와 동시에 디자인계에서 큰 화제가 되었다. 하지만 그보다 더 주목받은 것이 해군 의자의 존재였다.

거의 잊혔던 군용 의자가 세계 일류 디자이너들을 매료하는 존재였다는 사실에 미국인은 놀랐다. 곧장 많은 매체에서 앞다투어 이 의자를 다루었다. 특히 텔레비전 드라마 〈섹스 앤 더 시티〉에서 주인공들이 늘 모이는 레스토랑의 의자로 쓰이면서 인지도가 한층 높아졌다고 한다.

이렇게 해서 잠수함에서 사용하기 위해 만든 튼튼한 의자는 텔레비전에서 볼 수 있는 패션의 아이콘이 되었다. 그로부터 15년 후, 폐업 직전이던 에메코는 미국을 대표하는 디자인 가구 회사로 탈바꿈했다.

인테리어 매장에 전시된 의자는 아무 이야기도 하지 않는다. 잡지에서 얻을 수 있는 정보는 한정되어 있다. 그러나 하나의 의자에 이처럼 많은 이야기가 담겨 있다. 생각할수록 가구는 흥미로운 존재다.

에메코의
그레그 부크바인더
사장(오른쪽, 40세,
캘리포니아 출신의 서퍼)과
디자이너 필립 스탁.

가구계의
T형 포드가
성공한 것은

행운의 여신
덕분이다

LCW

허먼 밀러Herman Miller
합판을 삼차원으로 가공한
최초의 의자
찰스와 레이 임스(1946년)
W559×D616×H674×SH394mm

찰스와 레이 부부의 신혼집.
리처드 노이트라의 설계로
캘리포니아의 고급 주택가에
지은 공동주택이다.

이 공동주택의 방에서
두 사람은 성형 합판plywood
실험을 했다.

35세 무렵의 찰스 임스

찰스가 애지중지하며
오래도록 탔던 포드의 오픈카

20세기 중후반에서 가장 영향력이 큰 디자이너를 꼽는다면 찰스 임스 Charles Eames, 1907~1978와 레이 임스Ray Eames, 1912~1988 부부일지도 모른다. 미국 서해안이라는, 줄곧 가구 디자인과는 연이 없던 지역에서 두 사람이 등장한 것은 시대의 흐름이 바뀌었다는 사실을 말해준다. 두 사람은 많은 업적을 남겼지만 그들이 유명해진 계기가 된, 합판을 삼차원으로 가공한 최초의 의자 'LCW'를 선보인 것은 특히 중요한 업적이다. 게다가 이 의자가 탄생한 과정을 보면 두 사람의 운이 얼마나 좋았는지 놀라게 된다. 기적 같은 우연이 차곡차곡 쌓여 역사에 남는 의자가 탄생한 것이다. 생각해보면 성공한 사업가는 대개 자신이 운이 좋았음을 강조한다. 그러면 두 사람이 운이 좋았던 이유는 무엇일까. 그 발자취를 따라가보니 그 끝에 그들의 철학이 있었다.

알바 알토의 성공이 찰스의 흥미를 합판 가구로 이끌었다는 이야기는 앞서 언급한 바 있다. 특히 직접 알토의 강연을 들은 것이 그에게는 큰 자극이었을 것이다. 그는 바로 대학 동료인 건축가 에로 사리넨Eero Saarinen, 1910~1961과 함께 합판 가구 제작에 착수한다. 두 사람이 작업한 합판 의자는 1940년 뉴욕 현대미술관의 '오가닉 가구' 공모전에서 우승을 차지함으로써 주목을 끌었다. 제2차 세계대전의 발발 등으로 안타깝게도 이 의자는 생산되지 못했지만 찰스는 생각지 못한 선물을 손에 넣는다. 이때 작업을 거들기 위해 참가한 레이와 만난 것이다. 두 사람은 금세 사랑에 빠졌다. 당시 찰스는 유부남이었지만 이혼 문제가 단시간에 해결되어 두 사람은 축복 속에서 결혼한다. 그리고 새로 산 오픈카를 타고 합판 가구 제작에 매진하기 위해 캘리포니아로 향한다.

합판 가공 기술은
찰스의 관심사였다.
디자인에서는
예술가 자질이 뛰어난
레이의 공헌이 매우 컸다.

신천지에 도착하자마자 우연히 유명한 건축가 리처드 노이트라Richard Neutra, 1892~1970와 친해지고 그가 설계한 고급 공동주택에서 살게 되었으니 비록 돈은 없었지만 운만큼은 그들을 따라다녔다. 이렇게 해서 가구 없는 방에서 자전거 공기 주입기와 풍선, 석고 등으로 직접 만든 기계와 옥외 변압기에서 몰래 끌어다 쓴 고압 전류로 합판 가구를 실험하는 나날이 시작되었다. 그러는 동안 이번에는 친한 의사에게서 우연히 전쟁 부상병에게 금속제 부목을 쓰면 회복 속도가 느리지만 목제 부목을 쓰면 빨리 회복된다는 이야기를 듣는다. 그래서 합판으로 제작한 부목을 군에 판매하고, 금세 5000개를 발주한다. 하지만 생산을 맡은 회사의 경영난으로 부목 제작 사업은 디트로이트에 있는 어느 회사의 합판 부문으로 흡수되고 만다. 여느 때라면 여기서 이야기가 끝날 것이다. 하지만 디트로이트 회사를 위해 합판으로 만든 어린이용 의자, 코끼리 장난감, 그리고 LCW의 원형 등을 뉴욕에서 미디어 종사자를 대상으로 열린 비공개 전람회에 출품해 뉴욕 현대미술관 큐레이터의 시선을 끌었다. 1945년의 일이었다. 특히 LCW의 아름다운 형태는 레이의 공헌이 매우 큰 제품이다. 저명한 예술가 밑에서 미술을 배운 레이는 건축을 공부한 찰스에게는 없는 조형 감각을 갖추고 있었다. 찰스는 함께 일할 수 있는 상대를 두 번째 결혼 상대로 고른 셈인데, 이런 여성과 만난 것도 행운일지 모른다.

그리고 4개월 후 뉴욕 현대미술관에서 열린 전람회에서는 허먼 밀러Herman Miller사가 LCW에 관심을 보였다. 마침 그 무렵 이 가구를 만들던 디트로이트 회사에서는 임스 부부와 관계를 끝낼 생각이었기 때문에 제조 회사도 순조롭게 바꿀 수 있었다. 어쩌면 이렇게까지 우연의 손발이 짝짝 맞아떨어졌을까. 역사가 바뀔 때 기적은 겹치는 법이다. 이렇게 해서 역사적 명작 LCW는 지금도 허먼 밀러에서 제조, 판매되고 있다.

찰스는 결혼할 때 산 포드의 오픈카를 10년 넘게 탔다. 모아둔 돈도 없는 시절에 구입한 것은 표준형 모델로, 아름다운 데다 대출받아 살 수 있는 가격의 차였다. 그래서인지 다음 차를 고르기가 쉽지 않았다. 시대가 바뀌면서 풍요로워진 미국에서는 두 가지 색을 쓴 화려한 차가 넘쳐났다. 찰스는 이런 차가 마음에 들지 않았다. 포드 사장인 헨리 포드 2세에게 '표준 생산한 보통 덮개가 붙어 있고, 회사 로고는 최소한으로 쓰고, 차체의 색이 검은 익명성 높은 차'를 팔길 바란다는 편지를 보낼 정도였다. 이 일화에서 알 수 있듯이 임스 부부는 기본적인 형태지만 아름답고 평균적인 시민도 살 수 있는 가구를 지향했다. 말하자면 '가구판 T형 포드'를 목표로 삼았다. 그래서 싼값에 대량생산할 수 있는 합판에 집착한 것이다. 지금은 '임스가 디자인한 가구'라는 이유만으로 사는 사람도 많지만, 그들은 결코 유명해지거나 돈을 벌기 위해 가구를 만들지 않았다. 찰스와 레이가 이렇게 생각했기 때문에 행운의 여신도 한편이 되어준 것이 아닐까.

가구
디자인은

키스보다
쉽다?

노구치 커피 테이블
Noguchi Coffee Table

비트라 디자인 뮤지엄Vitra Design Museum
더없이 조각 같은 형태.
가구에만 전념했더라면 이런 감각은
발휘하지 못했을 것이다.
이사무 노구치(1944년)
W1280×D930×H400mm

스무 살 무렵의 이사무 노구치.
이국적인 풍모로 인기가
제법 많았다.

일본인 아버지와
미국인 어머니 사이에 태어나
귀속의식이 희박했다
(일본 국적인 아버지의 성을
따랐지만 본인은 미국
국적이다 – 옮긴이).
그 마음의 공백을
메운 것이 조각이다.

이사무가 즐겨 만든 추상적인
조각 작품은 좀처럼 팔리지 않아
인물상으로 수입을 얻었다.

국적과 국경을 넘어
타인의 마음을 이해하는 사람이
되길 바란 어머니의 권유로
예술의 길로 들어섰다.

종이와 대나무로 만든 제등 같은 조명 '아카리 AKARI, 등불, 빛이라는 뜻 - 옮긴이'
는 일본에서 나온 디자인 제품으로는 가장 많이 팔린 제품이다. 이 제품을
디자인한 이사무 노구치 Isamu Noguchi, 1904~1988는 그 밖에도 '노구치 커피
테이블'을 발표하는 등 디자인사에 이름을 남긴 인물이다. 원래 그는 조각
가였다. 하지만 조각만으로는 먹고살 수 없었다. 돈을 위해 일감을 찾아
나선 것이 명품을 세상에 선보인 계기가 되었다.

추상적인 이사무의 조각은 '자유로운 조각 free sculpture'이라고 불리는 독자
적인 양식이다. 재능은 일찌감치 인정받았지만 전위적인 작품인 까닭에 처
음에는 좀처럼 팔리지 않았다. 1920년대 후반 이후 그는 먹고살기 위해 자
신이 추구하는 스타일과 동떨어진 문화인이나 유명인의 두상을 제작하곤
했다. 그때 그가 쓴 영업 방법이 다소 희한했다. 고객을 찾기 위해 사교계
에 드나든 것이다. 이때 수려한 외모가 도움이 되었다. 그 외모에 반한 부
유한 여성들이 남편의 조각상 제작을 그에게 맡겼다. 만년의 이마가 훤한
거장의 풍모에서는 상상하기 어렵겠지만 젊은 시절에는 이국적이고 신비로
운 분위기가 감도는 미소년이었다. 유명한 여배우나 세계적인 여성 화가,
예술가 등과 숱한 로맨스를 남기기도 했다.

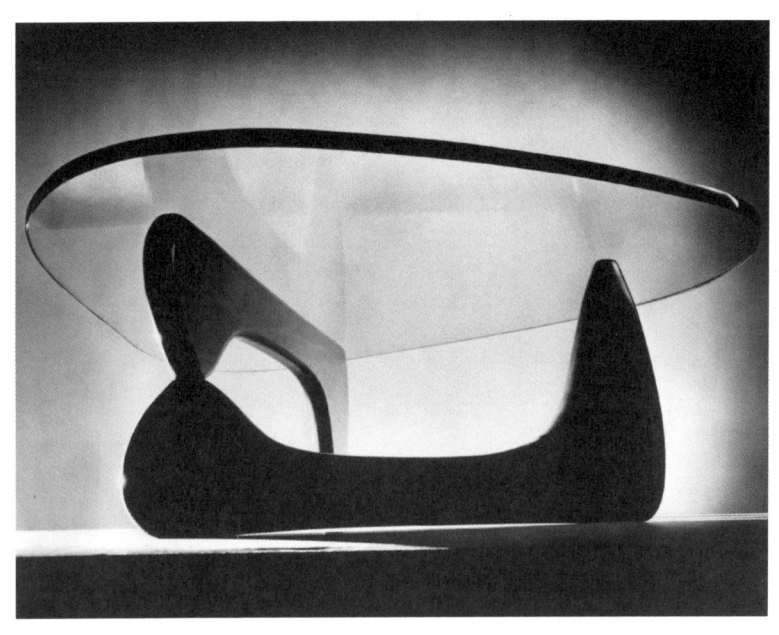

1940년대
처음 등장했을 무렵의
노구치 커피 테이블.
똑같이 생긴 부품
두 개를 짜 맞춘 것이어서
쉽게 생산할 수 있었다.

사진 제공 : 허먼 밀러

그러나 이 생활도 오래가지 못했다. 1929년 대공황이 닥쳤기 때문이다. 조각상을 제작해달라는 대부호의 의뢰도 줄어 생계는 막막해졌다. 그러다 1939년, 이사무는 뉴욕 현대미술관 관장의 의뢰를 받아 관장실에서 사용할 탁자를 디자인한다. 구름 모양의 유리 상판을 나무로 조각한 다리 세 개로 떠받치는 구조로, 노구치 커피 테이블의 원형이다. 이토록 참신하게 생긴 탁자는 지금까지 없었다. 이것을 본 예술가들은 서둘러 질 낮은 복제품을 만들어 팔았다. 이사무가 본격적으로 가구 디자인에 손댄 것은 이런 복제품이 그럭저럭 팔린다는 사실을 알고부터다.

뉴욕 현대미술관 관장실에 놓인 이 탁자의 매력을 일찌감치 알아차린 이가 저널리스트로 훗날 허먼 밀러의 디자인 디렉터를 역임하는 조지 넬슨George Nelson, 1908~1986이다. 최소한의 부품을 짜 맞추어 다리로 삼고 그 위에 유리판을 얹었을 뿐인 간결한 구조는 아름다울 뿐 아니라 대량생산에도 걸맞아 매우 매력적이었을 것이다. 넬슨은 잡지에서 "다리가 세 개인 탁자를 만드는 법을 터득했다"라고 평가하고 허먼 밀러에 정식으로 들어가기도 전인 1945년, 그 회사에 이 탁자를 생산하라고 권했다.

이사무는 넬슨의 의뢰로 그 후 약 10년 동안 상품화된 이 테이블 외에 자유로운 생김새의 '프리폼 소파Freeform Sofa', 탁자의 세 다리 중 나무로 된 하나가 배의 키rudder를 연상시키는 '노구치 러더 커피 테이블Noguchi Rudder Coffee Table' 등 다양한 가구를 발표했다. 또 조지 넬슨이 디자인했다고 알려진 '공 시계Ball Clock'는 여러 상황 증거로 보아 이사무의 손을 거친 것으로 추정된다. 그 밖에도 미국 가구 회사인 놀 인터내셔널Knoll International을 통해 가구를 발표하고, 대부호의 의뢰를 받아 한 점뿐인 한정판 가구도 많이 제작했다.

이처럼 1940~1950년대 전반의 이사무에게 가구 일이 많았던 까닭은 조각보다 가구 디자인이 돈이 되었기 때문이다. 그는 자신의 가구를 찾는 수요가 있음을 알고 있었다. 1944년에 쓴 편지에 그때 사랑하던 여성이 남편과 헤어지면 함께 캘리포니아의 어딘가에서 탁자 같은 걸 만들면서 살고 싶다고 쓸 정도였다. 하지만 그가 사랑하던 여자는 남편과 이혼하지 않아 두 사람은 헤어지고 만다. 그리고 우리는 더 많은 이사무의 명작을 볼 수 없게 되었다.

그에게 가구 디자인은 곤궁할 때 돈을 벌어주는 단순한 수단이었을까. 조각에 대한 평가가 세계적으로 높아지고 금전적인 어려움이 없어진 후 이사무 노구치는 상업 디자인을 거의 하지 않았다. 그가 가구 디자인을 계속했더라면 디자인의 역사는 달라졌을까. 가끔은 그런 망상에 젖기도 한다.

단일 제품에
매우 두드러지게 생긴
조각 같은 테이블이지만
실내에 놓아도
자연스럽게 공간에
녹아든다.

디자이너
이름을 몰라도

이 의자가
좋다면
행복합니다

도무스 체어
Domus Chair

아르텍Artek
미국에서는 '핀란드 의자'라고 불리는
디자인 가구지만, 모국 핀란드에서는
'학교 의자'로 불리는 친근한 존재였다.
일마리 타피오바라(1946년)
W580×D540×H790×SH450mm

152

153

요즘에는 핀란드의
근사한 카페에서도
많이 쓰인다.

팔걸이가 짧아 앉기도 편하고
일어나기도 쉬운 디자인이다.

부재를 나사로 고정한다.
제조 공정을 단순화할 수 있고
디자인의 포인트도 된다.

1950년대 전반부터 미국에서 '핀란드 의자'라는 이름으로 판매되어 인기를 끈 '도무스 체어Domus Chair'. 디자인을 맡은 이는 북유럽 디자이너 가운데 전후 미국에서 가장 빠르게 인정받은 인물이었다. 이 의자는 미국에서 디자인 제품으로 판매되었기 때문에 디자이너의 이름을 전면에 내세우는 마케팅이 이루어져 당시 그는 높은 지명도를 자랑하는 스타 같은 존재였다. 1948년에 뉴욕 현대미술관에서 개최된 '저비용 가구 디자인 국제 공모전'에 초청받아 임스 부부, 에로 사리넨 등과 함께 작품을 전시해 호평받은 인물이기도 하다. 게다가 이때 심사위원 중 한 사람인 루트비히 미스 반 데어 로에의 권유로 훗날 미국에서 교편을 잡았다. 물론 이 의자는 핀란드에서도 사람들 눈에 익숙한 물건이다. 자, 그럼 이 디자이너는 누구일까?

정답은 일마리 타피오바라Ilmari Tapiovaara, 1914~1999. 이름만 들어서는 고개를 갸웃하는 사람이 대부분일 것이다. 사실은 모국 핀란드에서도 그의 지명도는 높지 않다고 한다. 워낙 성실하고 고지식한 사람이어서 작품보다 디자이너의 이름이 유명세를 타는 것을 싫어했기 때문이기도 하다. 하지만 독일의 예술 서적 전문 출판사 타셴Taschen에서 출판한 세계의 명작 의자 1000개를 소개하는 책 《1000개의 의자1000 CHAIRS》(1997) 최신 개정판에도 도무스 체어의 이름은 없다. 이 의자를 생산하던 회사가 작은 데다 1960년대에 생산이 종료되었고, 불과 몇 년 전까지 소수의 수집가가 유족의 허가를 얻어 조금씩 생산했다는 점과도 관계가 있을 것이다. 또 핀란드에서 1984년에 발행된 타피오바라의 작품 해설집을 새로 편집해 1996년 출판한 스페인의 디자인 그룹 산타 & 콜레Santa & Cole의 산타 사장은 그 이유를 이렇게 설명한다.

"아무래도 핀란드에서는 알바 알토의 존재가 지나치게 크다. 그래서 타피오바라는 묻히고 말았다. 그런 현상은 다른 나라에서도 일어나고 있다. 그의 생애 후반은 불만으로 가득해 불행했다."

이를테면 후지 산 다음으로 높은 산의 이름을 사람들이 대부분 모르는 것과 마찬가지다.

원래 도무스 체어는 핀란드 헬싱키에 건설되는 도무스 아카데미카Domus Academica라는 학생 기숙사를 위해 1946년에 만든 의자다. 타피오바라는 자신이 근무하는 자그마한 목공 가구 회사가 이 학생 기숙사의 내장을 맡았을 때 사내 디자이너로서 이 의자를 디자인했다. 의뢰주는 공간 효율이 좋고 다목적으로 이용할 수 있으며 가볍고 쾌적한 데다 기숙사 집기로는 보이지 않는 세련된 의자를 원했다. 21세기 헬싱키의 근사한 레스토랑에서 이 의자를 볼 수 있는 것도 이런 조건에 따라 디자인되었기 때문이다.

높은 품질을 유지하면서 싸게 대량생산할 수 있는 것만 디자인하고 싶다고 생각한 타피오바라는 제조 과정까지 고려해서 합판과 무구재無垢材, 원목에서 필요한 만큼 떼어내 사용하는 목재 - 옮긴이를 나사로 고정하는 간단한 구조를 채택함으로써 비용을 낮추었다. 팔걸이가 짧아 앉을 때 거치적거리지 않고 일단 앉으면 쾌적하며 12개나 겹쳐 쌓을 수 있다. 게다가 등받이와 앉는 면에 사용한 합판은 인체의 곡선을 따라 삼차원으로 가공했다. 임스가 LCW로 이제 막 성공을 거둔 고급 기술이 핀란드에도 이미 존재했으니 놀라울 따름이다.

도무스 체어는 기숙사용으로 디자인했지만 다목적으로 쓸 수 있어 핀란드에서도 공공 시설, 특히 학교와 공회당, 회의실을 중심으로 상당수가 판매되었다. 핀란드 인 다수가 "아, 이거 학교 의자잖아"라는 반응을 보이는 것도 그래서다.

생산이 중지되었던 도무스 체어는 핀란드 아르텍에서 2010년 복각해 지금도 판매하고 있다. 자국의 소중한 문화유산을 지킬 뿐 아니라 시대와 국경을 초월한 가치를 지닌 것을 현대의 도구로 되살리는 데 의의를 찾아냈기 때문일 것이다. 널리 알려진 명작만 소개하고 있는 이 책에서는 드물게 잊힌 명작일지도 모른다. 하지만 성실한 장인 정신으로 임했던 일마리 타피오바라의 도무스 체어를 소개하는 것이야말로 지금 시대에 필요한 일이 아닐까. 디자이너 이름은 몰라도 제품으로서 사랑받는다는 것은 제품이 갖추어야 할 본래의 모습이니 말이다.

원래 학생 기숙사를 위해
디자인했지만
다목적으로 쓸 수 있어
핀란드에서는 학교나
공회당 등 공공 시설에서
많이 이용한다.

159

한 해 고작
스무 개가 팔려도

계속 만든
이유

버터플라이 스툴
Butterfly Stool

덴도목공天童木工
성형 합판이 아니고는 볼 수 없는 매력이 가득한,
일본 가구 디자인을 대표하는 걸작.
뉴욕 현대미술관, 루브르 미술관의 영구 소장품이
될 만큼 세계적으로도 높은 평가를 받았다.
야나기 소리(1956년)
W425×D310×H387×SH340mm

160

똑같이 생긴
합판 두 개를 맞댄 형태가
날개를 파닥이는 나비 같다.

상부는 나사 두 개로 고정했다.

하부는 봉 하나로
좌우를 연결했다.

성형 합판을
활처럼 구부린 가구는
당시에 존재하지
않았다.

163

일본을 대표하는 가구 하면 많은 사람이 덴도목공의 '버터플라이 스툴 Butterfly Stool'을 꼽지 않을까. 야나기 소리柳宗理, 1915~2011가 디자인한 이 의자는 1957년 밀라노 트리엔날레밀라노에서 1923년부터 3년에 한 번씩 열리는 디자인 중심의 국제 전람회 - 옮긴이에서 금상을 수상하는 등 국제적으로 인정받은 명작으로 많은 해외 미술관에 소장되어 있다. 또 북미와 유럽에서도 호평 속에 판매되고 있다.

하지만 명작 가구라고 해서 꼭 잘 팔린다고는 할 수 없다. 버터플라이 스툴은 지금이야 널리 알려져 일본에서만 연간 수천 개 이상이 판매되고 있지만 발표 당시에는 비싸기도 해서 그다지 팔리지 않았다. 시간이 흐르면서 판매 수는 늘었지만 한참이 지나도 몇백 개를 파는 데 그쳤다. 정확한 기록이 남아 있어 찾아보니 1992년에는 고작 20개가 팔렸을 뿐이다. 여느 회사였다면 생산을 중지했을 수량이다. 하지만 "우리 회사의 뿌리인 '성형 합판'으로 만든 가구이니 남겨놓고 싶다"라는 당시 사장의 지시로 근근이 판매가 이어져왔다. 덴도목공의 뿌리라는 '성형 합판'은 도대체 어떤 것일까. 그리고 왜 버터플라이 스툴이 옛날과 다르게 잘 팔리게 되었는가. 그 비밀을 파헤쳐보자.

덴도목공이 성형 합판 가구를 만든 것은 1947년 고주파 발진 장치를 도입하면서부터다. 이 기계의 원리는 고주파를 받으면 대상물이 발열해 접착제가 빨리 건조해 굳는다는 것이다. 지금 가격으로 7000만 엔쯤 한다. 지역 명사인 사장의 통 큰 선물이었다. 임스 부부가 자택에서 손수 만든 장치로 힘들게 실험했던 것과 비교하면 상당히 혜택받은 출발이었을 것이다.

지금은 새 프레스를
들여와 쓰고 있지만
틀은 당시 그대로다.
열이 전달되기 쉽게
금형을 사용한다.

성형 합판이란 섬세하게 만든 '베니어판'이라고 생각하면 된다. 무를 얇게 깎아썰기 하듯 목재를 1mm 정도 두께로 가공해서 그것을 접착제로 몇 장씩 붙여놓은 것이다. 이렇게 하면 통나무에서 필요한 사이즈만큼 잘라낸 나무로는 간단히 실현할 수 없는 큰 목재가 완성된다. 강도 높고 질도 안정적이며 대량생산에도 적합한 소재다. 제2차 세계대전 후 덴도목공은 이 신소재로 전 시대의 묵직한 가구와는 다른 간소하고 가벼운 가구를 잇달아 내놓았다. 단게 겐조丹下健三, 1913~2005가 설계한 에히메 현민회관에 덴도목공이 만든 성형 합판 의자 1400개가 들어갔고, 시즈오카 시 체육회관에도 3000개가 납품되었다. 이렇게 해서 덴도목공은 성형 합판 가구 회사로서 이미지를 쌓아갔다.

일본 디자이너들도 이 무렵, 임스 부부의 성공에 자극받아 삼차원으로 가공한 합판으로 가구 만들기에 관심이 높았다. 야나기 소리도 그런 사람 중 하나였다. 임스가 합판을 삼차원으로 가공해 만든 LCW를 본 뒤 그의 창작 욕구는 더욱 커졌다. 이런 과정으로 태어난 것이 버터플라이 스툴이다. 야나기는 플라스틱판을 손으로 만지작거리다 이런 형태에 다다랐다. 그래서 이 의자는 사람의 손이 만든 부드러운 곡선을 그리고 있다. 구조는 간단해서 나비 날개처럼 똑같이 생긴 두 부품을 맞대고 나사 두 개와 금속 봉으로 고정했을 뿐이다. 하지만 삼차원으로 구부러진 합판을 어떻게 만드느냐가 큰 문제였다. 야나기는 성형 합판으로 유명한 덴도목공을 찾아갔다. 하지만 이 회사는 그렇게 큰 규모의 합판을 삼차원으로 가공한 경험이 없었다. 그때는 외국에도 비슷한 것이 존재하지 않았다. 여기에서 도전이 시작된다. 먼저 야나기가 손수 만든 원형을 보고 도면을 작성한다. 삼차원인 것을 이차원으로 만드는 작업이므로 무척 힘들었을 것이다.

이번에는 그 도면을 바탕으로 프레스용 틀을 만든다. 하지만 평평한 소재를 삼차원의 틀 위에 올려 압력을 주기만 하면 잘되지 않는다. 도중에 금이 가거나 형태가 바뀌고 만다. 오랜 세월에 걸쳐 기술자들이 노력을 기울인 끝에 버터플라이 스툴이 완성된 것은 1956년의 일이다. 그 이듬해 열린 밀라노 트리엔날레에서 이 의자가 금상을 수상한 것은 형태가 아름다웠기 때문만은 아니다. 그에 더해 당시 세계 최고의 기술로 만든 가구였기 때문이다.

줄곧 고전하던 버터플라이 스툴은 1990년대 후반, 이른바 미드 센추리 mid-century 붐이 일면서, 다시 말해 20세기 중반의 디자인이 유행하면서 다시 주목받는다. 잡지 몇 군데에서는 야나기 소리에 대한 특집을 크게 싣기도 했다. 이렇게 해서 점차 많이 팔리게 된 것이다. 일본에게 이 의자의 존재는 귀중한 재산이다. 앞으로도 계속 생산되기를 간절히 기도한다.

버터플라이 스툴
제조 광경.
합판 부품이 한 종류밖에
없어 제조상 이점이 크다.

애주가에게는

최고의
의자?

스페니시 체어
Spanish Chair

프레데리시아Fredericia
스페인의 의자를 재해석해 새롭게 디자인한 의자.
질감 좋은 스웨덴산 가죽이 매력이다.
뵈르게 모겐센(1959년)
W825×D600×H670×SH330mm

폭이 넓은 팔걸이에 주목

뵈르게 모겐센이
가족 여행에서 본 것은 아마
이런 의자일 것이다.

고향 덴마크에서는 보지 못한,
스페인이었기에 볼 수 있었던
공들인 장식

171

덴마크의 디자이너 뵈르게 모겐센Børge Mogensen, 1914~1972이 디자인한 '스페니시 체어Spanish Chair'. 폭이 넓은 목제 팔걸이와 두꺼운 가죽을 짝지어 만든, 나지막한 모양이 인상적인 의자다. 잡지에서 이 의자의 존재를 처음 알게 되었는데, 소개글이 근사했다.

"말에서 차로 시대가 바뀌면서 일자리를 잃어버린 스페인의 마구 장인을 안쓰러워한 모겐센이 디자인했다."

그렇게 세세한 데까지 마음을 쓰다니, 정말 섬세한 사람이라고 감탄했다. 한편으로 디자인은 섬세한 사람만이 할 수 있는 일이라고 생각했다. 하지만 이 의자를 만드는 프레데리시아Fredericia의 토마스 그라베르센 사장에게 직접 물어보니 말안장에 쓰는 것과 다른 가죽을 사용한다고 한다. 게다가 이 가죽은 스페인산이 아니라 스웨덴산이라고 하니 스페인의 마구 장인이 가엾어서 디자인했다는 이야기는 사실이 아닌 듯하다.

자신이 디자인한 의자에 앉은
뵈르게 모겐센.
오랫동안 사용해
가죽이 늘어났을 때는
뒷면의 벨트 구멍을 하나 줄여
팽팽하게 만들 수 있다.

그러면 왜 이런 일화가 사실처럼 전해질까. 그리고 왜 스페인 의자라고 이름 붙였을까? 그것을 알려면 먼저 모겐센이 어떤 환경에서 가구 디자인을 배웠는지 알아야 한다.

그는 젊은 시절 목공 장인을 여럿 거느린 대목장 밑에서 목공 기술을 익혔다. 그리고 나서 왕립아카데미에 입학해 가구 디자인의 기본을 배웠다. 이것이 덴마크에서는 일류 가구 디자이너가 되는 일반적인 과정이다. 무엇보다 그는 '근대 북유럽 디자인의 아버지'라고 불리는 왕립아카데미의 학장 카레 클린트Kaare Klint, 1888~1954에게서 '리디자인redesign' 개념을 배웠다. 이 책에서도 그렇게 만든 제품을 몇 가지 소개했는데, 리디자인이란 음악에서 말하는 '커버cover'와 비슷한 용어라고 하면 이해하기 쉬울지도 모르겠다. 알다시피 커버란 원래 있는 곡을 그대로가 아니라 가수의 개성이나 그 시대에 맞게 편곡해 부르는 것이다. 이런 방법을 가구의 세계로 들여온 것이 리디자인이다. 일찍이 덴마크의 디자이너들은 고대 이집트의 좌식 의자, 영국 윈저 왕조 시대의 의자, 중국 명나라 시대의 의자를 새롭게 디자인해 현대 생활에 어울리는 가구로 만들었다.

이 기법을 배운 모겐센도 영국의 의자를 새롭게 디자인하는 등 실적을 쌓아
왔다. 그런 그가 가족 여행으로 1958년 스페인의 안달루시아 지방을 방문
한 적이 있었다. 그때까지 해외여행은 거의 한 적이 없고 고작해야 이웃 나
라 스웨덴만 방문했던 디자이너에게 스페인 여행은 그야말로 큰 이벤트였
다. 그리고 그는 숙박한 호텔 로비에서 170쪽 사진에 있는 것과 같은 의자
와 맞닥뜨린다.

폭이 넓은 팔걸이와 나지막한 좌석이 이루는 균형이 더없이 고상한 분위기
를 풍기는 의자였다. 나무 부분에는 스페인이 아니고는 볼 수 없는 조각이
새겨져 있었다. 모겐센은 스페인에서 본 이 의자를 자택에서 쓰기 알맞은
형태로 새로 디자인했다. 그의 후기 가구는 거의 자택에서 쓰려고 만든 것
인데, 이 의자는 넓은 팔걸이를 탁자 삼아 거기에 술잔을 올려놓고 느긋이
쉬기 위한 것이었다. 사실 모겐센은 상당한 애주가여서 매일 밤 위스키를
즐겼다고 한다. 위스키 잔 받침용으로 정한 팔걸이의 폭은 15cm. 제법 넓
다. 스페인풍 장식은 배제하고 무늬 없는 북유럽풍으로 마감했다. 등받이
와 앉는 면에는 한 장으로 된 두꺼운 가죽을 썼다. 이 가구용 스웨덴산 가
죽은 파리의 패션 브랜드에서 가방에 사용하는 것보다 질이 좋다고 한다.
모겐센이 자신의 의자에 10년 넘게 사용해온 이 가죽은 앉는 사람을 편안
히 받아들이는 가죽이다.

이렇게 탄생한 스페니시 체어는 애주가에게 최고의 의자가 아닐까. 하지만 실제로 인테리어 매장에서 판매할 때는 그런 말을 쉽게 입에 담지는 못할 것이다. 그래서 누군가가 마구 장인의 이야기를 떠올렸을지도 모른다. 그러니 이 의자를 사더라도 스페인 마구 장인을 돕지는 못하지만 홀로 풍성한 시간을 보내기에는 안성맞춤일 듯하다. 바라보노라면 나도 모르게 이 의자에 앉아 한잔하고 싶은 생각이 든다.

스페니시 체어가
여러 개 놓여 있는,
프레데리시아의 전 사장
안드레아스 그라베르센의 저택.

원조
디자인 호텔에서

안락의자가 맡은
어떤 역할

에그 체어
Egg Chair

프리츠 한센Fritz Hansen
기존의 안락의자와는 전혀 다른 참신한 스타일.
새로운 제조 방법 덕분에 실현 가능한 모양이다.
아르네 야콥센(1958년)
W860×D790×H1070×SH370mm

179

달걀 껍데기로 만든 듯
전체 곡면이 일체를 이룬다.

등받이 좌우 부분이
돌출되어 프라이버시도
살짝 지킬 수 있다.

진지하게 회의를 하고 있는
이들은 해외에서 온
손님일지도 모른다.

1960년 준공 당시의
SAS 로열 호텔 로비

요즘에는 북유럽 가구나 잡화의 인기가 상당히 높다. 부드러운 형태와 나무의 질감이 마음을 위로해주기 때문일까. 왠지 우리가 바라는 따뜻함이 느껴지기 때문인지도 모른다. 이런 북유럽 디자인을 찾아 덴마크 코펜하겐으로 떠나는 사람도 무척 많다. 나도 디자인 일을 시작하고서야 처음으로 코펜하겐을 방문했다. 역사를 만들어온 프랑스, 이탈리아, 영국과 비교하다 보면 아무래도 덴마크는 우선순위에서 밀린다.

막상 찾아가보니 코펜하겐은 예상과 조금 다른 도시였다. 도시 중심부는 5층짜리 낡은 건물이 즐비했다. 그 거리의 변두리에 철과 유리로 만든 21층짜리 유일한 고층 건물이 서 있다. 옛 SAS 로열 호텔지금의 래디슨 블루 로열 호텔 코펜하겐이다. 사실 이 건물은 디자인 애호가에게는 성지나 다름없는 곳이다. 이 호텔을 위해 '에그 체어Egg Chair'와 '스완 체어Swan Chair' 같은 의자와 조명을 비롯한 많은 역사적 명작이 디자인되었기 때문이다. 하지만 이 건물을 세울 당시에는 시민의 평판이 그다지 좋지 못했던 모양이다. 부근의 분위기를 보면 쉽게 이해할 수 있다. 그러나 해외에서 좋은 평가를 받으면서 건물에 대한 시민의 평판도 좋아졌다. 그 이유는 호텔의 내력과 관계가 있다.

옛 SAS 로열 호텔
로비에는 지금도
에그 체어(왼쪽)와
스완 체어(오른쪽)가
놓여 있다.

이 호텔이 준공된 것은 1960년이다. 프로펠러기에서 제트기로 바뀌는 시대였다. 유럽의 주요 도시는 물론, 미국에서도 사람들이 바로 찾아왔다. 그런 손님들을 맞이하기 위해 항공 회사가 지은 것이 이 SAS 로열 호텔이다. 장소는 공항과 바로 연결되는 중앙역 바로 옆이다. 로비에서 체크인할 수 있는 구조였다. SAS스칸디나비아 항공는 북유럽 3개국스웨덴, 덴마크, 노르웨이 정부가 많은 주식을 보유한 항공 회사지만 호텔은 국유가 아니다. 하지만 이 호텔은 유럽의 '문화 변경邊境'이라는 덴마크의 이미지를 뒤집는 역할을 해야 했다. 그런 이유로 발탁된 사람이 아르네 야콥센Arne Jacobsen, 1902~1971이다. 그는 세븐 체어 등의 가구로도 알려져 있지만 그 이상으로 건축계의 거장 루트비히 미스 반 데어 로에와 통하는 인터내셔널 스타일최신 기술을 신뢰하고, 추상적인 미를 추구하는 근대 건축양식 - 옮긴이로 유명한, 덴마크를 대표하는 건축가다. 건물, 내장, 그리고 가구와 일상용품까지 그의 손을 거쳤다.

이런 정치적 사명이 있었기 때문에 사람들이 모이는 로비의 가구도 최첨단 형태를 구현한 것이어야 했다. 전통적으로 이런 장소에 놓는 일인용 의자는 윙 체어wing chair가 일반적이었다. 높은 등받이 윗부분이 좌우로 날개처럼 돌출되어 있는 팔걸이의자로 영국에서 처음 탄생한 것이다. 그러나 야콥센이 디자인한 에그 체어는 등받이 상단의 돌출부부터 팔걸이까지 연속되는 곡선으로 이루어져 달걀의 일부를 그대로 의자에 옮긴 듯 보인다. 이 참신한 모양을 실현시키기 위해 사용한 것이 1950년대에 노르웨이에서 개발된 새로운 제조 방법이다. 틀에 폴리스티렌 알갱이를 넣어 가열한 다음 식히는 방법이다. 이렇게 하면 자유로운 형태로 의자를 만들 수 있다. 에그 체어도 이렇게 해서 완성되었다.

또 한 가지 에그 체어의 진보적인 점이 있다면 상부가 회전하는 구조로 이루어져 있다는 점이다. 이 의자는 로비에 여러 개씩 둥근 탁자를 에워싸며 놓여 있다. 사람의 머리가 위치하는 부분 옆으로 큰 돌출부가 있어 회전하면 옆에 앉은 사람의 얼굴을 쉽게 볼 수 있어 편리하다. 사무용 의자에는 이런 기능이 있었지만 적어도 유럽의 안락의자에는 없는 기능이었다. 이런 요소까지 곁들여져 에그 체어는 해외의 방문객에게 덴마크의 선진성을 강하게 어필했다.

지금도 이 로비에는 에그 체어가 놓여 있고, 준공된 지 50년이 훨씬 지난 21세기에도 이 성지를 순례하는 디자인 애호가가 적지 않다. 이 공간이 지금까지 많은 방문객의 경탄을 불러일으켰다는 증거일 것이다. 에그 체어는 당초의 사명대로 지금도 외국인들에게 덴마크의 매력을 전하고 있다.

1911년에 설계한 전통 양식의
코펜하겐 중앙역(왼쪽)과
유리, 철로 만든
현대적인 양식의
옛 SAS 로열 호텔(오른쪽).

Photo : Joe Suzuki

공중에
두둥실 떠 있는,

유령 같은
조명

K 시리즈
K-SERIES

야마기와YAMAGIWA

흰 천이 두둥실 떠 있는 듯 보이는 것이 매력적이다.

한 장의 아크릴판을 손으로 형태를 다듬는 작업은

겉보기보다 훨씬 어렵다.

구라마타 시로(1972년)

W700×D700×H585mm, 60W×1

189

구라마타 시로

빛나는 물체에 의해
천이 위로 들린 듯한 부유감이
이 조명의 큰 특징이다.

한 점 한 점
수작업으로 만든 제품이어서
형태가 전부 다르다.

도쿄의 갤러리 후지에에서
'아크릴 램프'라는 이름으로
발표했을 때 모습(1972년)

명작 가구 하면 대개 복제품과 공존해야 하는 운명이다. 유명한 디자이너
가 작업한 것과 똑같은 가구를 질은 떨어지더라도 싼값에 구입하고 싶은
사람이 많은 것이다. 애초에 복제품이 등장한다는 것은 한편으로 인기가
많다는 증거이므로 '베끼는 사람이 아예 없다면 그것도 문제'라고 생각할
수도 있다. 아무튼 이런 복제품의 존재가 제조 회사로서는 골칫거리다. 그
래서 요즘에는 쉽게 베끼지 못하도록 고도의 기술로 제품을 만드는 업체가
늘고 있다.

구라마타 시로倉俣史朗, 1934~1991가 디자인한 조명 'K 시리즈K-SERIES'는 잘
알려진 명작이지만 복제품이 적은 제품 중 하나다. 과거에 딱 한 번 중국에
서 복제품이 등장했지만 제품 특유의 분위기를 잘 살리지 못해 금세 사라
지고 만 모양이다. 그 이유는 무엇일까. 비밀은 하나하나 수작업으로 만든
K 시리즈의 제조 방법에 숨어 있다.

불을 켜면
표정이 더욱 풍부해지는
K 시리즈.
자연스럽게 잡힌 주름이
눈에 띈다.

구라마타 시로는 1970~1980년대 일본에서 특히 중요한 위치를 차지한 디자이너 중 한 사람이다. 그의 가구가 〈도무스DOMUS, 1928년 이탈리아에서 창간된 세계적인 건축·디자인 전문 잡지 - 옮긴이〉 등의 해외 잡지에 소개되자마자 유럽 디자인계는 '구라마타 쇼크'라고 할 만큼 큰 충격을 받았다. 형태는 서양풍이지만 일본의 미의식이 느껴지는 독자적인 세계관이 반영되어 있었기 때문이다. 무엇보다 구라마타의 가구는 시적이다. 그리고 기존 가구에는 그다지 쓰지 않던 아크릴, 펀칭 메탈여러 모양으로 구멍을 낸 얇은 금속판 - 옮긴이 같은 소재를 대담하게 써서 독특한 분위기를 자아낸다. 투명한 아크릴 속에 장미 조화가 떠 있는 것처럼 보이는 의자를 과연 누가 생각이나 했을까. 펀칭 메탈은 원래 실외에 쓰는 공업용 소재다. 그것을 실내용 가구에 쓴 것은 매우 참신한 시도였다. 21세기에 접어든 지금도 구라마타의 영향을 받은 가구가 세계 곳곳에서 등장한다는 사실에서 그의 위대함을 실감할 수 있다.

구라마타의 작품에서 공통적으로 발견할 수 있는 테마 중 하나는 '중력에서의 해방'이다. 가구나 조명이 마치 무게가 없는 것처럼 가볍게, 때로는 공중에 떠 있는 것처럼 보인다. 앞 페이지의 사진을 보자. 한 장의 흰 천 속으로 빛이 들어와 떠 있는 것처럼 보인다. 손수건이나 천이 그대로 조명이 된 것 같기도 하다. 이 '자연스러운 주름'이 포인트다.

누가 붙인 별명인지
알 수 없지만
'오바Q'는
딱 맞아떨어지는 애칭이다.
이대로 움직인다 해도
이상하지 않을 듯하다.

원래 이 조명은 1972년에 '아크릴 램프'로 발표되었다. 야마기와에서 일반 소비자를 대상으로 제품을 만들고 판매를 시작한 것은 발표되고 10년이 지나서다. 구라마타는 "의뢰가 들어오고 나서 시작하면 늦는다"라는 신조로 늘 아이디어를 미리 저장해놓았다고 한다. 이 조명의 정식 이름은 구라마타의 이니셜을 딴 'K 시리즈'지만 일본에서는 '오바Q'라는 애칭으로 흔히 불린다. 1960년대에 방영된 후지코 후지오藤子不二雄 원작의 애니메이션 〈오바케노 Q타로요괴 Q타로〉의 주인공을 닮았다는 데서 유래한 별명이다. 그 주인공은 떠 있는 하얀 천 아래로 다리가 나와 있고 머리에 머리카락이 딱 세 올 있는 요괴 캐릭터다. 누가 처음 그런 별명을 붙였는지 몰라도 1982년 제품을 만들었을 때 이미 그 이름으로 불렸다.

이 조명의 복잡한 모양은 틀에 소재를 부어 넣기만 해서 만들 수는 없다. 네모난 아크릴판 한 장을 가마에 넣어 섭씨 120도로 데우면 부드러워져서 가공하기 쉬워지는데, 그것을 사람 손으로 형태를 다듬어가며 만든다. 말로는 쉬운 듯하지만 사실 이 수작업이 몹시 어렵다. 5분만 지나도 뜨거워졌던 아크릴이 굳고 만다. 재빨리 받침대에 얹어 네 모서리를 전용 클립으로 고정하고 네 변을 네 사람이 서둘러, 게다가 가벼운 느낌이 나도록 마무리해야 한다. 그런 데다 양옆의 마감에도 주의를 기울여야 균형이 잡힌다. 작업하는 네 사람은 숙련된 기술자여야 한다.

이렇게 해서 완성된 까닭에 K 시리즈의 형태는 하나하나가 다르다. 유심히 살피면 네 모서리에 클립 자국이나 작업할 때 쓴 × 표시가 희미하게 보일지도 모른다. 구라마타 시로는 돈이나 명예에는 집착하지 않았지만 일의 완성도에는 매우 엄격한 사람이었다. 그런 그가 수작업의 흔적이 남는데도 상품화를 허가한 것은 이것을 제조상의 한계라고 인정했기 때문이다. 그만큼 중력을 거스르는 K 시리즈의 제작은 여러모로 품이 많이 드는 어려운 일이었다.

이것이 복제품이 거의 등장하지 않는 이유다. 유령처럼 공중에 두둥실 떠 있는 것처럼 보이는 이 조명에는 이런 비밀이 숨어 있었다.

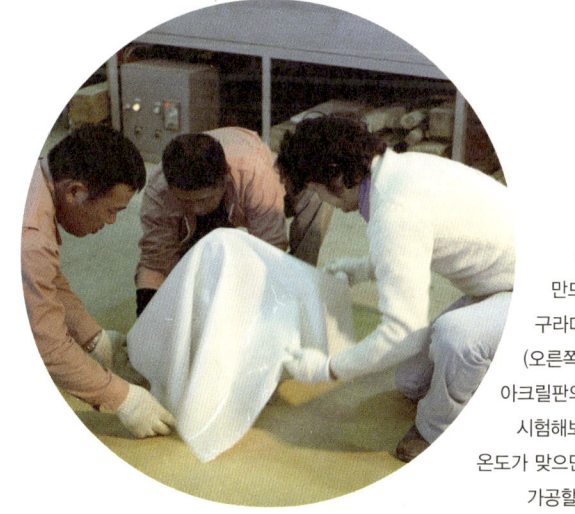

시제품을
만드는 모습.
구라마타 시로
(오른쪽)가 직접
아크릴판의 성형을
시험해보고 있다.
온도가 맞으면 손으로
가공할 수 있다.

Chapter

3

디자인
신시대의
비밀

마이클 잭슨 씨,

미래의
의자는
어떤가요?

더 빅 이지
The Big Easy

모로소Moroso
"조각 같다", "개성적이다", "초현대적이다" 등
누구나 한눈에 한마디 할 수 있는
독특한 생김새가 특징이다.
론 아라드(1989년)
W1330×D880×H940×SH420mm

200

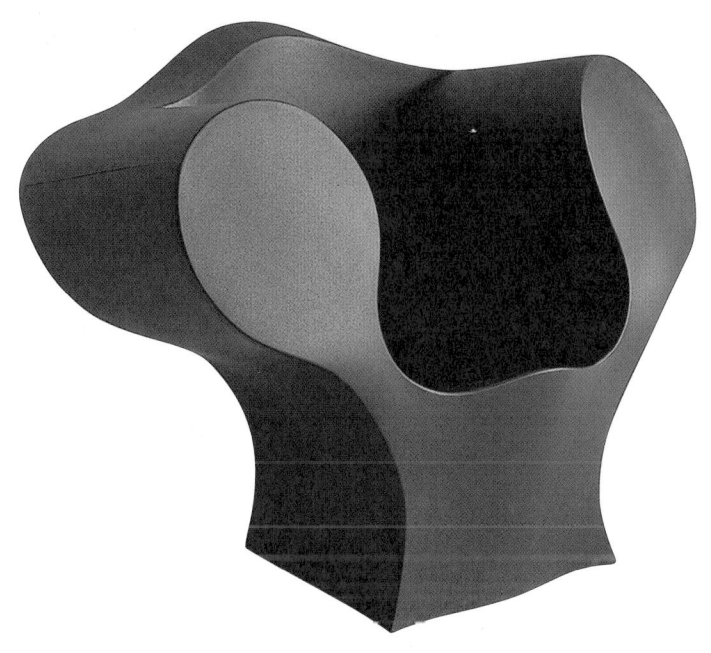

당당한 풍체.
폭이 보통 의자의
세 배 이상이다.
마치 민담이나
전설 속에 등장하는
왕의 의자 같기도 하다.

Photo by Jonathan Exley /
Contour by Getty Images

의자 이름을 옮기면
'맘 편하게 가자'라는 뜻.
이렇게 흐트러진 자세로
앉으면 의외로 쾌적하다.

천에 주름이 생긴
것으로 보아
'소프트' 버전이다.

마이클 잭슨과
재닛 잭슨의 듀엣 곡
'스크림'(1995년)
뮤직비디오에서
우주선의 의자로 등장했다.
허락 없이.뮤직비디오에 사용해
디자이너 론 아라드가
소송을 제기했다.

인터뷰의 참맛 중 하나는 제품이 만들어진 배경뿐 아니라 그것을 만든 사람의 인품까지 알 수 있는 데 있다. 많은 디자이너가 품격 있는 현역 디자이너라고 인정하는 론 아라드Ron Arad, 1951~를 인터뷰할 때도 그랬다. 직접 만든 모자를 쓴 독특한 풍모와 조각처럼 보이는 개성적인 가구. 그 점 때문에 예민한 예술가이리라고 상상했지만, 실제로는 유머 넘치는 따뜻한 사람이었다. 때로는 빈정거렸지만 솔직한 사람처럼 보였다. 그 점은 대표작 중 하나인 '더 빅 이지The Big Easy'에 대한 코멘트를 보면 알 수 있다.

지금까지 잡지 등에서 다루지 않았지만 인터뷰로 밝혀진 사실이 몇 가지 있다. 그중 하나가 론 아라드가 양산품에서 아름다움과 의의를 찾아내고 제조 과정의 간략화까지 고려해 디자인한다는 사실이다. 곧잘 예술가로 불리는 사람이지만 그는 투자 대상이 되는, 세상에 하나뿐인 한정판 가구에는 비판적이다. 론 아라드에게도 1980년대부터 1990년대 전반에 걸쳐 기발한 디자인의 가구를 소량 제작했던 과거가 있었다. 철판에 즉흥적으로 선을 그려 도려내고 그것을 그대로 의자로 내놓은 적도 있다. 이렇게 탄생한 미술 작품 같은 가구는 크게 화제가 되었지만 그는 당시를 돌이키며 자신의 오만함을 후회했다. 이때 만든 가구의 일부가 훗날 이탈리아의 모로소에서 싼 재료를 쓴 '스프링 컬렉션'으로 양산화되었다. 그의 생각이 바뀌었음을 보여주는 사례일 것이다.

대표작 중 하나인 더 빅 이지는 마이클 잭슨의 '스크림' 뮤직비디오에 우주선의 의자로 등장한 데서 알 수 있듯 미래의 의자처럼 생겼다. 곡선이 죽 이어지기 때문이다. 사실 이 의자로 대표되듯 론 아라드의 가구에는 직선이 거의 없다. 이유를 물으니 "자로 직선을 긋기가 귀찮아서"라며 슬쩍 얼버무린다. 화제를 바꾸어 좋은 디자인이란 무엇인지 물어보았다. 그랬더니 "목적에 충실한 디자인. 그것 말곤 없어. 이를테면 병기를 만든다고 쳐. 그럼 많은 사람을 죽일 수 있는 게 최고지"라는 지당한 말이 독설처럼 돌아왔다. 그렇다면 타인의 디자인 중에 마음에 들었던 게 있느냐고 물었더니 "닛산의 자동차, 에스카르고. 사실은 지금도 그 차를 타고 다녀. 지붕의 곡선이며 계기판 언저리가 꼭 어린 시절 본 차 같더군. 게다가 지금 사는 런던에는 이 차가 네 대밖에 달리질 않으니 곧잘 '오늘 어디 어디 갔지?' 하는 소리를 들어. 디자인에 흥미가 없는 사람과 이야기할 때 화제로 삼기도 좋지"라고 답했다. 이렇게 론 아라드는 디자인을 허영이나 자기만족의 도구가 아니라 타인과 관계를 만드는 소통의 수단으로 생각한다.

이런 시점에서 더 빅 이지를 다시 보면 평론가뿐 아니라 디자인을 잘 모르는 사람일지라도 희한하게 생겼다는 둥 조각 같다는 둥 어떤 말이라도 할 수 있는 형태임을 깨닫는다. 그런 식으로 누구나 평론할 수 있는 가구는 별로 없다. 만약 이 의자가 자택에 있다면 홈 파티에서 멋들어진 화제를 제공해줄 것이다.

높다랗고 큰 팔걸이를 보면 왕의 의자처럼 특별한 사람을 위해 만든 의자 같기도 하다. 하지만 막상 앉아보면 처음에는 바른 자세로 있다가도 이내 마이클 잭슨처럼 자세가 흐트러진다. 게다가 그렇게 앉을 때 더 편하니 희한하기까지 하다. 사실 영어로 'big easy'는 '맘 편하게 가자'라는 뜻이다. 어떤 의자든 오랜 시간 바른 자세로 앉아 있을 수는 없다. 왕의 의자처럼 보이지만 왠지 흐트러진 자세로 앉고 싶어지는 '의외성'이 디자인에서는 중요하다고 론 아라드는 말한다. 눈길을 끄는 형태로 관심을 북돋우고, 선입견과 실제 앉았을 때 느낌의 차이로 놀라움을 자아내는 것이 그가 노리는 바다. 론 아라드가 일류 디자이너로서 존경받는 이유는 이런 디자인의 심오함 때문 아닐까. 가구나 인물은 역시 겉만 보고 판단해서는 안 된다. 일류 디자이너의 속은 상당히 깊다.

론 아라드가 타는 차는
닛산의 에스카르고.
디자인에 힘을 실은
라이트 밴으로
1989년부터 2년 동안만
생산되었다.

크게
히트 치길
바란다면

마케팅을
믿지 마라

에어론 체어
Aeron Chair

허먼 밀러Herman Miller
독자 개발한 메시 소재를 앉는 면과 등에 사용한
사무용 고기능 의자의 원조
빌 스텀프, 돈 채드윅(1994년)
W675×D600×H910~1055×SH415~560mm

등받이에
메시를 씀으로써
맞은편 공간까지 보여
넓게 느껴진다.

메시 소재 덕분에
체중이 고르게 분산될 뿐
아니라 체온으로
의자가 뜨뜻해지지 않는다.

전통적인 소파에
흔히 사용하는
둥근 단추 장식을
가죽에 붙였다.

메시 소재는
너무 전위적이라는
영업부의 간곡한 요청으로
가죽을 씌운 모델을
시험 삼아 제작했다.

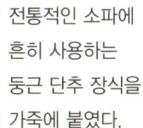

1994년 등장한 허먼 밀러의 '에어론 체어Aeron Chair'는 사무실용 고기능성 의자의 개척자 같은 존재다. 이 의자의 가장 큰 특징은 등과 앉는 자리에 쓴 메시 소재가 체중의 압력을 고르게 분산하는 구조로 되어 있다는 점이다. 지금까지 전 세계에 누계 수백만 개나 팔린 베스트셀러로, 처음 등장한 이래 20년 동안 디자인에 큰 변화가 없었다. 지금은 많은 사람이 이 형태를 당연하게 생각할지 모르지만 발표 당시만 해도 나는 강한 이질감을 느꼈고, '저런 그물망에 앉으면 찢어지지 않을까'라고 생각했다. 한 번도 본 적 없는 전위적인 것이 등장했을 때 흔히 보이는 반응이다. 사실 그렇게 생각한 것은 나뿐만이 아니었다. 앞에서 언급했듯 허먼 밀러의 영업부에서도 불안해하며 메시 소재를 가죽으로 가린 시제품을 만들 정도였다. 기존의 사무실용 고급 의자는 으레 가죽을 씌웠기 때문에 이대로는 절대로 팔 수 없다고 생각했기 때문이다. 그런데 마케팅 우선의 시대에, 게다가 미국 기업에서 신제품 디자인에 마케팅의 목소리가 결국 반영되지 않은 것은 어째서였을까. 선인의 금언이 이 회사에 남아 있었기 때문이다.

먼저 에어론 체어가 탄생한 배경부터 짚어보자. 1994년까지 다른 회사에서 고기능 사무용 의자를 선보이지 않았던 것은 컴퓨터의 보급 시기와 관련이 있다. 이 새로운 기계가 사무실에 도입되자 사무원은 더 오래, 더 집중해서 작업을 하게 되었다. 의자에 앉아 있는 시간이 길어졌을 뿐 아니라 앉는 자세도 바뀌었다. 사무실에서 일하는 사람이라면 누구나 오래 앉아 있어도 피곤하지 않고 컴퓨터 화면을 마주 보며 키보드를 치기에 좋은 의자를 원했다. 그리고 그 바람에 맞아떨어지는 것이 에어론 체어였다.

허먼 밀러 하면 임스 의자를 떠올리는 사람이 많을 것이다. 하지만 매출로 보면 주택용 의자는 20퍼센트 정도이고 남은 80퍼센트는 사무용 가구가 차지한다. 일본과 달리 미국은 풍요로운 사무용 가구 문화가 존재한다. 기능적이고 잘 만든 사무용 가구를 쓰면 업무 효율이 높아질 뿐 아니라 우수한 인재를 끌어들이기에도 유리하고 회사의 이미지도 좋아지는 등 여러모로 이점이 많다. 허먼 밀러는 사무용 가구 분야의 개척자이기도 하다. 1946년부터 1971년까지 조지 넬슨이 디자인 디렉터로 있으면서 역사에 남을 수많은 사무용 가구를 발표해왔다.

넬슨이 늘 했던 말이 "마케팅에 휘둘리지 마라"였다. 그리고 회사가 넬슨의 말을 충실히 따랐다는 것을 알 수 있는 한 가지 예가 그의 사후에 발표된 에어론 체어다. 이 의자의 디자인과 기능, 양면에서 중요한 특징은 펠리클 Pellicle이라 불리는, 독자 개발한 메시 소재를 사용했다는 점이다. 이 새로운 소재는 혼자 사는 노인이 건강하게 장수할 수 있는 방법을 연구하는 과정에서 개발된 것으로 사람의 몸에 맞게 변형되기 때문에 어떤 체격에도 대응할 수 있다는 장점이 있다.

게다가 열이 쉽게 방출되므로 더운 계절에도 쾌적하게 쓸 수 있으며 보기보다 훨씬 튼튼하다. 또 시야가 트여 사무실이 넓어 보이는 효과가 있다. 요컨대 컴퓨터 시대의 신소재 등장을 알기 쉽게 표현한 제품이다. 처음에는 나처럼 디자인에 거부반응을 보이는 사람이 많았을 것이다. 그대로 내느냐 마느냐. 도박이나 다름없었다. 허먼 밀러는 망설인 끝에 오랜 세월 회사의 번영에 공헌한 디자인 디렉터의 말을 따랐다.

조지 넬슨이 입사하기 전, 허먼 밀러는 '조금 세련된 가구를 만드는 작은 회사'였다. 그런 회사를 '업계의 리더'로 이끈 것이 넬슨이다. 단순한 디자이너에 머무르지 않고, 시대를 꿰뚫는 깊이 있는 철학과 임스 부부, 이사무 노구치처럼 재능 있는 인물을 발굴하는 능력을 갖추고 있었다. 큰 결단을 할 때, 회사를 발전시킨 인물의 말을 따르는 것도 지혜로운 행동이다. 만약 어느 정도 매출을 확보하기 위해 표면에 가죽을 덧씌웠다면 수백만 개나 팔리는 역사를 만든 의자가 되지는 못했을 것이다. 혁신을 받아들이는 전통과 마케팅에 의존하지 않는 자세가 세계적인 히트작을 만들어냈다.

그런데 미국 시장에서 에어론 체어는 수많은 사용자의 요구를 만족시키기 위해 수십 종류의 조금씩 다른 모델이 준비되어 있다. 복잡한 주문에 대응하기 위해 허먼 밀러는 자동차 이외의 업계로서는 처음으로 토요타의 '간판 방식토요타 자동차가 부품 재고를 줄이기 위해 고안해낸 생산 관리 방식으로, 필요할 때 필요한 물량만 조립해 생산 현장에 공급하는 시스템을 가리킨다. 각 공정에 작업 내용을 알리는 지시서의 통칭이 '간판'이어서 이런 이름이 붙었다 - 옮긴이'을 도입했다. 마케팅을 믿지 않지만 최첨단 생산 관리 방식을 도입한 허먼 밀러의 선택이 모쪼록 틀리지 않았기를 바란다.

에어론 체어의 생산 라인.
허먼 밀러는 자동차 이외의
업계로서는 처음으로
토요타의 '간판 방식'을
도입한 기업이기도 하다.

Photo : Joe Suzuki

흰쌀밥
같은

'보통'의
매력

글로 볼
Glo-Ball

플로스Flos
어디 한 군데 별다르지도 않은 모양이 어떤 공간에나
자연스럽게 어울려 오래도록 사랑받은 비결.
펜던트형, 스탠드형 등 다양한 타입이 있다.
재스퍼 모리슨(1998년)

216

217

스탠드, 플로어 램프
(바닥에 세워놓는 이동식 등),
실링 램프(천장 등) 등
쓰임새에 따라
다양하게 출시되었다.

지름 45cm의 크기까지
놀라운 정밀도로
한 점씩 유리를 불어
제작한다.

원형 같지만 자세히 보면
위아래가 조금 찌부러져 있다.
이것이 사람들이 질리지 않고
사용하는 디자인의 비결이다.

219

둥글게 생긴 이 조명은 이탈리아의 플로스에서 생산하는 '글로 볼Glo-Ball'이다. 디자이너는 영국의 재스퍼 모리슨Jasper Morrison, 1959~. 젊은 현역 디자이너들이 입을 모아 '품격 있는 드문 디자이너'라며 존경하는, 이 시대를 대표하는 인물이다. 고개를 갸웃하는 독자도 있을 것 같다. 더러는 이 정도쯤은 아무나 디자인할 수 있다고 생각할지도 모른다. 하지만 모리슨은 이형태에 다다르기까지 적어도 3년은 걸렸다고 말한다. 단순해 보여도 생각을 거듭한 끝에 탄생한 형태다. 그럼 이 간결한 디자인의 조명에 숨겨진 비밀을 파헤쳐보자.

모양을 잘 보면 가로로 길다는 것을 알 수 있다. 여기가 큰 포인트다. 이런형태를 생각하기 전 모리슨이 가장 먼저 배제한 것이 완벽한 원형이다. 균형이 잡혀 아름다울 것 같지만 그래서는 금세 질린다고 한다. 최종적으로조금 일그러진 모양으로 만든 것은 완벽하지 않기 때문에 친근감이 느껴지기 때문이다. 도중에 지금과 정반대로 세로로 조금 긴 형태도 검토했다고한다. 다르다고 해도 그런 사소한 차이밖에 없었다는 점도 놀랍다.

이렇게 시행착오를 겪은 끝에 탄생한 글로 볼은 '별다른 구석이 없는', '보통' 등으로 보일지 모른다. 하지만 이 등은 처음 본 사람도 어쩐지 정겹게느낄 듯하다. 게다가 어떤 공간에도 자연스럽게 녹아드는 분위기가 감돈다. 눈을 자극하는 유별난 디자인은 그 자체는 돋보이지만 아무 환경에나 어울리지는 않는다. 공간에 놓았을 때 유별난 것보다 그렇지 않은 것이오히려 아름다울 때가 많다는 사실을 모리슨은 서른이 되기 전 자신의 전람회에서 배웠다. 그 후 '평범함은 특별함을 능가한다'를 기본자세로 삼았다. 모양이 평범해서 한 공간에 있는 사람은 싫증을 내지 않고, 평범하지만처음 본 사람도 아름답게 느끼는 디자인이다.

이를테면 매일 먹는 쌀밥의 매력에 가까울지도 모른다. 이처럼 '보통의 디자인'에 관심이 높은 재스퍼 모리슨은 여행지에서 본 일상용품에서 영감을 받을 때가 많다고 한다. 그가 일본에 여행했을 때 마음을 빼앗긴 곳은 다름 아닌 홈 센터주거 공간을 자기 손으로 꾸밀 수 있는 소재나 도구를 파는 상점 - 옮긴이. 그는 "당신들에게는 거기 있는 것이 평범한 일상품이겠지만 내게는 아이디어를 주는 특별한 물건이다"라고 진지한 얼굴로 말했다. 기능과 가격이 중요한 홈 센터 상품은 디자인 잡지에 등장하는 물건들과는 인연이 없는 것들뿐이다. 그러나 거기서 실마리를 얻은 것이 작품이 되고 전 세계 미디어에 등장한다는 사실이 흥미롭다.

실제로 재스퍼 모리슨은 후카사와 나오토深澤直人, 1956~와 함께 홈 센터에서 판매할법한 제품을 전시한 〈슈퍼 노멀Super Normal〉이라는 전람회를 2006년에 열기도 했다. 전시품은 플라스틱 양동이, 식당에서 쓰는 유리잔, 사다리, 병따개, 껍질 벗기는 도구 등 일상용품이었다. 하지만 회장의 전시대에 놓인 그것을 작품이라는 시점에서 바라보면 눈에 두드러지지는 않지만 참으로 아름답게 생겼다는 사실을 깨닫게 된다. 이 전람회는 세계적으로 큰 화제를 모으면서 디자인 트렌드에도 영향을 끼쳤다. 마찬가지로 얼핏 평범해 보여도 주의 깊게 보면 비로소 그 장점이 전달되는 디자인이 재스퍼 모리슨 작품의 요체다.

그의 사상을 이해했다면 다시 한 번 글로 볼의 디자인을 자세히 보자. 이 조명이면 어떤 인테리어와도 잘 맞을 듯하다. 인테리어를 모두 바꾼다 해도 무난하게 어울릴 것 같다. 게다가 플라스틱이 아니라 숙련된 장인이 일일이 유리를 불어 만든 것이니 질도 좋다. 지금보다 돈이 몇 배나 많은 부자가 되어도 망설이지 않고 계속 사용할 것이다. 이런 이야기를 듣고 나면 평범하게 생긴 조명을 보는 눈이 달라지지 않을까.

디자인이라고 하면 많은 사람이 경쟁 제품과 차별되는 화려한 제품을 떠올린다. 하지만 재스퍼 모리슨이 만들어내는 세계는 그 반대 지점에 있다. 가장 새로운 제품이 꼭 가장 좋은 제품이라고 할 수 없는, 한 물건을 오래도록 사용하는 인테리어 세계에서 '보통'은 소비자를 기쁘게 하는 중요한 스타일 중 하나다.

똑같이 생겼지만
이런 서양풍 공간에도,
218쪽의 일본풍 공간에도
멋들어지게 어울린다는 것이
글로 볼의 매력이다.

투구에서
아이디어를 얻는

여성 디자이너는
과연
여성적일까?

카보슈
Caboche

포스카리니Foscarini
알이 큰 투명한 구슬이 인상적인 조명.
디자이너가 차고 있던 앤티크 팔찌를
디자인의 모티브로 삼았다.
파트리시아 우르키올라(2006년)
M 사이즈 ø500×H200mm, 150W×1

224

나지막하고 살짝 쉰 목소리,
스페인 사람다운
밝고 명랑한 태도로
지적인 이야기를 하던
파트리시아 우르키올라

일본의 투구에서
영감을 받아 디자인한
'타투Tatou'라는 조명으로,
플로스 제품

옷에서 그 사람의 사상이
드러난다고 하는데,
이 차림새가 여성적?

가구나 조명 디자인의 세계에서 여성 디자이너는 많지 않다. 그런 가운데 2010년대에 가장 활발하게 활약한 여성 디자이너를 한 사람 꼽는다면 스페인 출신의 파트리시아 우르키올라Patricia Urquiola, 1961~일 것이다. 2000년에 독립한 이래 그녀는 다양한 회사와 손잡고 가구와 조명을 발표하고 있다. 대표작으로는 포스카리니의 조명 '카보슈Caboche, '머리'라는 뜻의 프랑스어 - 옮긴이', 모로소의 의자 '피오르Fjord', 비앤비 이탈리아의 '벤드 소파Bend Sofa' 등이 있다. 그의 디자인을 두고 일본에서는 종종 '페미닌feminine'이라는 단어를 동원해 여성적이라거나 여자답다며 평한다. 하지만 그가 정말로 여성적인 스타일을 선보여온 디자이너일까. 그저 업계에 여성이 적어서 그렇게 여겨지는 것은 아닐까.

하기는 나에게 "어제 파티에 입고 오신 옷은 어디서 샀어요?"라고 물었을 때 그녀는 여성적인 시점에서 이야기했을 것이다. 하지만 "교토에서 게이샤를 불러 놓았더니 돈이 무척 많이 들더군요. 그래도 좋은 경험이었어요"라고 말하는 걸 보니 호쾌한 구석도 있는 듯했다. 애초에 이탈리아 언론이 '허리케인'이라는 별명을 붙인 인물이다. "재스퍼 모리슨에게서 '여자로 태어났으니 수공에 분위기를 살린, 여성다운 작품을 하라'는 말을 듣기도 했다"라고 이야기하는 것을 보면 디자인에서 여성적인 것을 의식하지는 않는 듯하다. 게다가 좋아하는 디자인 제품을 물었더니 아킬레 카스티글리오니Achille Castiglioni, 1918~2002의 조명 파렌테시Parentesi, 비코 마지스트레티Vico Magistretti,1920~2006의 의자 실버Silver, 그리고 재스퍼 모리슨의 조명 글로 볼(216쪽 참조)을 꼽았다. 하나같이 간결하고 기능적인 디자인으로 여성적인 것과는 멀찍이 떨어져 있다.

현대적이면서 여성스러운 분위기를
물씬 풍기는 까닭은
수지성 물질로 만든 큼직한
구슬들이 한 점 얼룩도 없이
맑기 때문이다.
얼마나 투명하게 만드느냐가
관건이었다.

파트리시아 우르키올라뿐 아니라 디자이너에게 아이디어란 느닷없이 하늘에서 떨어지는 것이 아니다. 지금까지 주변에 있는 도구나 옛 가구를 연구해 명작을 만들어낸 사례를 소개해왔는데, 이 점은 그녀도 마찬가지다. 숙모가 일본에 살고 있어 1990년대 중반부터 몇 번이나 일본을 방문해 트렁크 가득 소품을 사 가서는 디자인에 참고했다고 한다. 여성으로는 드물게 미술관에 있던 일본 투구에 흥미를 느낀 그녀는 같은 모양의 금속 부품 몇 개를 가죽으로 연결해 반구형 조명용 갓을 시제품으로 만들기도 했다. 이 조명은 훗날 '타투Tatou, 아르마딜로를 뜻하는 프랑스어 - 옮긴이'라는 이름으로 플로스를 통해 발표되었다.

그럼 대표작의 하나인 카보슈는 어떻게 탄생했을까. 이 조명도 우르키올라가 쓰던 장식용 소품에서 비롯되었다. 포스카리니의 카를로 우르비나티 사장의 이야기에 따르면 《로미오와 줄리엣》의 무대인 베로나의 한 카페에서 그녀가 "이게 다음 조명 디자인이에요" 하고 1930년대 플라스틱 팔찌를 팔에서 빼내 테이블에 올려놓은 것이 이 조명 프로젝트의 시작이었다고 한다. 다른 회사와 다르게 포스카리니에서는 디자이너 출신 사장의 지휘 아래 독자적인 방법으로 제품을 만든다. 먼저 후보에 오른 시안을 디자이너의 이름을 감추고 사내 회의에서 검토한다. 그리고 통과한 것을 사내에서 손질해 더 매력적인 조명으로 세상에 내보낸다. 이런 과정을 거쳐 탄생하는 이 회사의 제품 가운데 처음 아이디어대로 완성된 것은 고작 한 점뿐. 이름 있는 디자이너의 제안을 사내에서 손보아 개선하는 사례는 적지 않지만 디자이너의 이름을 숨기고 순수하게 디자인만 검토하는 회사는 그리 많지 않다.

카보슈는 처음에는 우르키올라의 제안에 따라 투명한 구슬을 가느다란 금속 바구니에 고정하는 방법을 써서 시험 삼아 제작되었다. 그러나 이 방법으로는 투명한 구슬에 금속이 몇 겹이나 반사되어 전통적인 분위기를 낸다. 이 조명의 포인트는 줄지어 있는 수많은 구슬이 만들어내는 투명감이다. 그래서 포스카리니에서 디자인을 조금 손보았다. 접합부를 포함해 바구니를 투명한 플라스틱으로 제작한 것이다. 그렇게 완성한 조명은 더없이 현대적이면서 여성적인 분위기를 물씬 풍겼다. 시제품과 비교해 여성다운 섬세함이 돋보이는 매력적인 조명으로 탈바꿈했다. 이처럼 최근에는 디자이너의 개성을 살리면서 각 회사의 개성을 가미해 제품을 만드는 사례가 늘고 있다. 적어도 카보슈에서는 파트리시아 우르키올라보다 포스카리니의 취향이 더 여성적이었다고 보아야 할 것이다. 아무튼 최전선에서 활약하는 여성 디자이너는 아직 소수다. 앞으로 더 많은 여성의 활약을 기대한다.

파트리시아 우르키올라가 팔에서 빼 카페 테이블에 놓은 팔찌. 이 사진을 바탕으로 카보슈가 탄생했다.

디자이너도

경제를
알아야
합니다

부티크 소파
Boutique Sofa

모오이|Moooi
교체 가능한 커버를 채용해
납기를 단숨에 단축시킨 소파
마르셀 반더스(2005년)
W2200×D860×H610×SH400mm

233

다리는
다섯 종류 중에서
고를 수 있다.

마치 옷을 갈아입히듯
지퍼로 간단히
갈 수 있는 커버

본체는 판매점에서
언제든 구입 가능하다.
커버는 23종류 가운데
마음에 드는 것으로 주문하면
곧 배송되는 시스템이다.

가구 디자이너 하면 '경제 따위엔 흥미 없다'거나 '사회에 적응하기가 힘들다'거나 '환상의 세계로 도피했다'는 말이 어울리는 인물이 선택하는 직업으로 생각하는 사람이 있을지도 모르겠다. 만약 그렇게 생각한다면 큰 오해다. 세계 일류 디자이너 중에는 매일 아침 경제 신문을 읽는 사람도 드물지 않고, 회사를 차리고 종업원을 적잖이 고용해서 제조부터 판매까지 손수 챙기는 사람도 많다. 그중에서도 네덜란드의 인기 디자이너 마르셀 반더스Marcel Wanders, 1963~는 "크리에이터가 경제를 잘 모른다는 것은 사회에 대한 배신이다"라고 말할 만큼 비즈니스를 의식한다. 왜 그가 그런 식으로 생각하게 되었을까. 지금까지 그다지 언급되지 않았던 의외의 면을 소개한다.

데뷔 당시 마르셀 반더스가
선보인 인물 사진.
이 얼굴은 부티크 소파
시리즈 중 하나인
'어릿광대Jester'의
무늬로도 쓰였다.

미국 의류 브랜드 갭GAP 광고에 모델로 등장한 적도 있는 마르셀 반더스는 달콤한 외모와 로맨틱한 작풍으로 많은 여성 팬을 거느린 디자이너다. 190센티미터가 넘는 장신에 여성 기자들 앞에서는 "나는 여성을 위해 디자인을 하고 있다. 그들이 공주가 된 듯한 기분을 느낄 수 있는 것을 만들고 있다"라는 립 서비스까지 하니, 그를 왕자님처럼 화려한 인물이라고 생각하는 사람도 많다. 하지만 매력적인 외모는 그의 로맨틱한 디자인을 정당화하는 도구 중 하나일 뿐, 실제로는 일에 열중하는 사업가다. 그의 학창 시절 스승이자 1990년대 네덜란드에서 시작되어 세계를 놀라게 한 디자인 운동, '드로흐 디자인Droog Design'의 창시자 헤이스 바커르Gijs Bakker, 1942~는 "젊은 시절부터 디자인을 비즈니스로 삼는 데 능했다"라고 그를 평하기도 했다. 또 네덜란드를 방문해 그의 사무실에서 인터뷰를 했을 때 그는 "이후에 나갈 일이 있어서 한 시간밖에 시간을 내지 못해 죄송합니다"라면서도 함께 외출할 예정이었던 여자 친구를 먼저 내보내고 약속 시간을 한 시간이나 넘기면서까지 열심히 이야기를 들려주었다. 그런 그가 남긴 한마디.

"전 일하는 게 매우 즐겁습니다. 일만 한다고 할 수도 있죠."

마르셀 반더스가 태어난 네덜란드는 기업가 정신이 왕성한 나라다. 400년 전 동인도회사 시대부터 지도도 없는 미지의 세계로 잇달아 사람을 내보내 비즈니스를 해온 역사가 있다. 큰 회사에 취직하기보다 스스로 회사를 일으키는 문화가 예로부터 뿌리 깊다. 이것은 현대 디자이너에게도 마찬가지다. 다른 나라라면 대개 디자이너가 유명 기업에 자신의 디자인을 팔려고 하지만 네덜란드에서는 회사를 설립해 생산부터 판매까지 직접 맡는 디자이너가 적지 않다. 마르셀 반더스도 그런 사람 중 하나다. 그가 크리에이티브 디렉터를 맡고 있는 인테리어 브랜드 모오이Moooi도 직접 만든 회사가 전신이다.

그는 "회사를 만드는 것도 창조적인 작업이다. 크리에이터의 작업 범위는 제품을 세상에 내보내는 일까지다. 그것이 작업의 진수다"라고 말한다. 이런 그의 사상을 가장 잘 드러내는 것이 모오이에서 나온 '부티크 소파 Boutique Sofa'다. 그는 이 독특한 제품의 뒷이야기를 이렇게 설명했다.

"친구가 소파를 사러 갔는데, 매장에 전시된 상품 중에는 마음에 드는 커버가 없었답니다. 따로 주문하면 몇 개월을 기다려야 한다고 해서 결국 견본품을 사고 말았죠. 마음에 드는 걸 사려면 몇 개월이나 기다려야 된다니, 지금 당장 필요한데 그것도 참 못할 노릇이죠. 하지만 가구는 몇십 년씩 쓰는 물건입니다. 그래서 생각해낸 게 부티크 소파입니다. 기본이 되는 본체는 몇십 군데 매장에 놓아두고, 거기에 씌울 커버나 부품을 고객이 자유롭게 선택할 수 있게 만든 거죠. 주문이 들어오면 네덜란드 창고에서 커버만 택배로 내보내는 체계니 유럽이라면 2~3일 안에 배송됩니다. 이렇게 유통까지 생각하는 게 디자이너의 일이라고 생각합니다."

저절로 고개가 끄덕여지는 설명이었다. 소파 사진을 보고 이름과 텍스타일은 멋지지만 모양새는 평범하다고 생각한 사람이 많을지도 모르겠다. 하지만 이 가구의 최대 포인트는 현대의 유통 체계를 끌어들인 커버링 시스템이다. 이런 사실을 알고 나면 부티크 소파가 한층 매력적으로 보이지 않을까.

디자이너의 잘생긴 외모는 작품의 화려한 면만 도드라지게 할지도 모른다. 하지만 마르셀 반더스가 사회와 경제에 관심이 있는 디자이너였기에 부티크 소파 같은 우리에게 정말 필요한 가구가 탄생할 수 있었다. 그처럼 디자이너가 경제에 좀 더 관심을 기울인다면 가구의 모습은 더욱 바뀌지 않을까.

마르셀 반더스와
암스테르담의 오래된 시가지.
이 도시의 역사와 전통이
그에게 큰 영향을 준다.
촬영 장소는 19세기에 세운
5층짜리 학교 건물을 개조한
그의 사무실 테라스.

Photo : Joe Suzuki

학교에
이 의자가
있었더라면

공부를 더
잘했을 텐데

팁톤
Tip Ton

비트라Vitra

앞쪽에 9도 각도를 줌으로써 기계적인 구조 없이도

두 가지 다른 자세로 바르게 앉을 수 있는 의자

에드워드 바버와 제이 오스거비(2011년)

W509×D555×H786×SH462mm

정신을 집중해서
일할 때는
이 자리에 앉는다.

여기에 9도 각도를
준 것이 포인트

기계적인 구조의
도움 없이도
두 가지 바른 자세로
앉을 수 있다.

이것보다 앞으로는
넘어가지 않는다는 것을
감각적으로 알 수
있도록 전체에도
각도를 주었다.

느긋하게 일할 때는
이 자리에 앉는다.

오늘날까지 실로 많은 의자가 디자인되어왔다. 그런 만큼 생각할 수 있는 형태는 모두 나왔으니 이제 더 이상 새로운 형태의 의자는 나오기 어렵다고 말하는 사람도 있다. 그런 가운데 런던 올림픽 성화의 디자인으로 이름이 알려진 영국의 에드워드 바버Edward Barber, 1969~와 제이 오스거비Jay Osgerby, 1969~가 2011년 발표한 '팁톤Tip Ton' 의자는 지금까지 나온 의자와 발상이 크게 다른 '새로운 형태'의 의자다. 얼마나 새로운지는 '팁톤'이라고 명명된 유래를 알면 쉽게 이해할 수 있다. 이 이름은 의자가 탄생한 배경, 그리고 인류가 처음으로 체험하는 이 의자의 기능과 관련이 있다.

이 동갑내기 디자이너 듀오는 팁톤이 탄생한 경위를 이렇게 설명했다. 두 사람은 영국 정부의 의뢰를 받고 중학교 의자를 조사하기 위해 영국 중서부의 '팁톤'이라는 마을을 찾아갔다. 거기서 조사해보니 지금까지 학교 의자는 앉아 있는 동안 자세를 바꿀 수 없어 혈액순환이 저하된다는 사실이 드러났다. 학생들이 수업 시간에 가만히 있지 못하고 돌아다닌 것도 당연한 일이었다. 그래서 자세를 바꿀 수 있도록 했더니 아이들의 집중력이 금세 높아졌다고 한다. 안타깝게도 이때 정부가 의뢰한 것은 조사뿐이었다. 그래서 두 사람은 이런 문제를 해결할 수 있는 의자를 제품화하기 위해 스위스 가구 회사 비트라를 찾아갔다. 그렇게 해서 프로젝트가 시작되었다. 여기서 알 수 있듯이 팁톤이란 이 의자가 탄생한 계기가 된 마을의 이름이다. 하지만 그것만으로는 충분하지 않다. 또 하나의 유래를 알려면 이 의자의 기능을 살펴보아야 한다.

팁톤의 가장 큰 특징은 앞다리와 뒷다리를 잇는 선이 직선이 아니라 앞부분이 9도 각도로 꺾여 있다는 점이다. 이렇게 만든 덕분에 앞의 사진처럼 기계적인 구조 없이도 느긋하게 깊숙이 앉았을 때와 집중해서 앞으로 몸이 쏠렸을 때 각각 바른 자세를 취할 수 있다. 이렇게 되면 혈액의 흐름도 문제 없이 원활해진다. 두 사람의 설명에 따르면 무의식중에 의자를 앞으로 기울여도 9도로 꺾인 곳에서 자연스럽게 멈춘다. 그 이상은 더 기울지 않는다는 것을 직감적으로 알 수 있도록 디자인되어 있으며 9도라는 각도, 더 이상은 기울일 수 없다는 것도 모두 실험을 해보고 얻은 결과다. 참고로 넘어질 듯 말 듯할 때 발끝으로 균형을 잡으려는 것을 영어로는 'tiptoe on'이라고 한다. 이 모습을 닮은 의자의 특징과 그들이 조사하러 간 마을의 이름이 비슷해서 의자의 이름이 '팁톤'이 되었다고 하니 말장난의 멋스러움도 느껴진다.

이 독특한 형태가 나오기까지 숱한 실험을 거쳐야 했다. 3년 동안 100개가 넘는 실물 크기의 시제품을 만들고, 거기서 몇 개를 추려 실제로 몇 주 동안 사용해 확인했다. 게다가 마지막에는 회사 임원 회의에서 출석자 전원을 의자에 앉히고 승인을 얻어냈다고 한다. 실물 크기의 시제품을 100점이나 만들었다는 데서 제작에 대한 그들의 진지한 자세가 엿보인다. 이런 절차를 하나하나 거치기 때문에 나이에 비해 그들의 작품 수가 적은지도 모른다. 유행을 좇기보다 오랜 세월 사용해도 거뜬한 제품을 만들겠다는 목표에서 비롯된 방법일 것이다.

바버와 오스거비는 자기들의 스타일에 대해 이렇게 이야기한다.

"우리는 스타일 같은 건 딱히 생각하지 않는다. 문제를 해결하기 위한 형태를 찾아낼 뿐이다. 이를테면 새로운 사랑을 할 때 옛날 여자 친구 따윈 생각나지 않는다. 하지만 나중에 좋아했던 여자를 죽 늘어놓고 보면 어딘가 공통점이 있다. 스타일이란 바로 그런 것이 아닐까."

새로운 형태의 의자는 이제 더 이상 없다고 하는 시대에 등장한 팁톤은 목적에 걸맞은 의자를 만들어가는 과정에서 탄생했다. 얼핏 평범한 의자 같지만 지금까지 나온 어떤 의자와도 닮지 않은 독특한 의자다. 이것을 '새로운 형태'라고 하지 않는다면 무엇을 그렇게 부를 수 있을까. 틀림없이 가까운 장래에 명작의 반열에 오를 작품이다.

별다를 것 없는
의자로 보일지 모르지만
어엿한 미래의 명작 후보.
잘 보면 흔들의자 같기도 하지만
뒤로 누일 수 없다.

Chapter

4

경영자의
비밀

일하고 싶은 회사
베스트 100에
뽑힌 것은

이 사람 덕분

Herman Miller

D. J. 드프리
D. J. De Pree

미국 가구 회사 허먼 밀러 창업자

252

좋은 회사란 어떤 기업을 말할까. 여러 가지 시점에서 다양한 항목을 그 조건으로 꼽을 수 있을 것이다. 이익을 올리는 것도 물론 중요하지만 그 회사에서 일하는 사람이 일하는 보람을 느낄 수 있느냐, 마음 편히 일할 수 있느냐는 것도 중요한 문제다. 가구업계에서 허먼 밀러는 미국인이 생각하는 '좋은 회사' 중 하나다. 아무튼 권위 있는 경제지 〈포천Fortune〉이 매년 발표하는 '일하고 싶은 회사 100'에 몇 번이나 이름을 올린 회사다. 2008년 단독 취재차 방문했을 때도 이 회사에서 만난 사람이 하나같이 친절하고 호의적이어서 마음이 편했다. 그건 아마 위대한 창업자의 인품이 반영된 모습일 것이다. 허먼 밀러가 기업으로서 성공을 거둘 수 있었던 것도 창업자의 인품과 관련이 있지 않을까.

넬슨 마시멜로 소파Nelson Marshmallow Sofa(조지 넬슨, 1956년)

미국 미시간호 동쪽에 자리한 그랜드래피즈는 예로부터 가구 산업이 융성한 지역이었다. 이 지역에 있는 질랜드라는 곳은 지금도 착실한 네덜란드계 주민이 많은 인구 3만 명 정도의 시골 마을이다. 이 마을에서 1905년 허먼 밀러의 전신인 스타 가구 회사가 탄생했다. 그리고 몇 년 후, 이 회사에 더크 잔 드프리D. J. De Pree라는 우수한 젊은이가 점원으로 입사한다. 훗날 사장이 되는 인물이다. 어느 날 그가 창밖을 내다보고 있을 때 매력적인 여성이 지나갔다. 한눈에 반한 그는 그 여자를 뒤쫓았다. 만나자마자 청혼했고, 반년 후에 결혼에 이른다. 행운이 따랐던지 그녀의 부친은 지역의 명사였다. 결혼한 지 10년쯤 지났을 때 장인은 됨됨이가 훌륭한 사위를 위해 스타 가구 회사를 사들일 자금을 대주었다. 드프리는 장인의 명성도 높일 겸 감사의 마음을 담아 회사 이름을 장인의 이름을 따 허먼 밀러라고 지었다. 1923년의 일이다. 사장이 된 그는 운명의 길을 열어준 멋진 경험을 종업원들도 맛볼 수 있기를 바랐다. 그래서 그 후 지은 사무실이나 공장에는 바깥 경치를 시원스레 볼 수 있도록 창을 많이 냈다. 자신이 경험한 기쁨을 종업원도 누릴 수 있기를 바라는 경영자는 그리 많지 않다. 다만 안타깝게도 현재 허먼 밀러의 시설은 드넓은 부지 안에 있으므로 아름다운 여성이 창 앞을 지나갈 확률은 한없이 낮다.

드프리가 사장이 되고 얼마 지나지 않았을 때의 일이다. 종업원 수가 100명도 채 되지 않았던 시절, 한 젊은 기계공이 세상을 떠났다. 드프리가 조문을 하러 갔더니 죽은 기계공의 아내가 그를 위해 시를 읊어주었다. 감동적인 시였다. 누가 지은 시냐고 물었더니 죽은 기계공이 지은 것이라는 대답이 돌아왔다. 그 기계공은 제1차 세계대전에서 적군을 죽였기 때문에 지옥에 떨어질 거라며 겁을 내는 동료를 다독여 용기를 북돋아줄 만큼 그저 평범한 사람은 아니었다고 한다. 드프리는 이 기계공의 죽음에서 사람에게는 회사에서 보여주는 것 외의 다양한 면이 있음을 깨닫고 인간적인 회사를 만들겠다고 마음먹는다. 기계공이 죽은 지 90년이 지났지만, 이 이야기는 사내에서 꾸준히 회자되고 있으며 그의 사진은 사장실에서 가장 가까운 곳에 장식되어 있다.

임스 스토리지 유닛Eames Storage Unit(찰스 & 레이 임스, 1949년)

나중에 이 회사의 디자인 디렉터를 역임한 조지 넬슨에게 입사를 제안한 사람도 드프리였다. 원래 넬슨은 유럽 건축계의 거장을 인터뷰한 기사로 이름을 알린 저널리스트이자 대학에서 건축을 전공한 건축가다. 그런 그가 1945년 벽 전면을 수납공간으로 쓸 수 있는 수납 벽storage wall 시스템을 고안해 발표했는데, 그 잡지 기사를 본 드프리는 어떤 운명을 직감했다고 한다. 그리고 그의 제안을 받아들여 허먼 밀러에 입사한 넬슨도 놀라운 행동을 보였다. 자신의 디자인비를 줄여가면서까지 재능 있는 젊은 디자이너 이사무 노구치, 찰스 임스를 등용하자고 제안한 것이다. 그런 넬슨의 태도에 드프리는 두터운 신뢰를 보였다. 그런 인물의 주변에는 똑같이 인품이 훌륭한 사람이 모여드는 법인가 보다.

노구치 러더 커피 테이블(이사무 노구치, 1944년)

드프리의 올곧음은 눈에 보이는 형태로 회사에 공헌하기도 했다. 임스 부부가 허먼 밀러와 일하게 된 계기가 그것이다. 그들이 뉴욕 현대미술관에서 LCW를 발표했을 때(135쪽 참조), 경쟁 회사인 놀 인터내셔널에서도 그들에게 함께 일하자고 제안했다. 찰스 임스는 그 회사 사장의 부인인 플로렌스 놀과는 옛날부터 아는 사이였지만 조지 넬슨과는 만나본 적도 없었다고 한다. 그래도 임스는 허먼 밀러를 선택했다. 이유는 간단했다. '정직한 회사니까.' 허먼 밀러는 그저 좋은 의자를 만들어 시장에 내보낼 생각을 하는 착실한 회사였다. '이미지'나 '국제적 디자인'을 표방하는 놀 인터내셔널과는 전혀 다른 유형의 기업이었다.

왼쪽. 임스 셸 사이드 체어 DSREames Shell Side Chair DSR(찰스 & 레이 임스, 1948년)
오른쪽. 미라 체어Mirra Chair(스튜디오7.5Studio7.5, 2013년)

드프리는 시간을 들여 사람을 소중히 여기는 기업 문화를 만들었다. 그리고 그 전통은 지금도 이어지고 있다. 종업원에게 아이가 생기면 임스의 흔들의자를 지급하는 관습도 있다 하니 살짝 부럽기도 하다. 원래 흔들의자는 미국에서 태어난 가구인데 이 의자를 선물 받는 것이 허먼 밀러의 종업원에게는 빼놓을 수 없는 기쁨 중 하나라고 한다. 한때 이 관습은 중단되기도 했지만 좋은 전통을 이어가자는 회사의 뜻에 따라 지금은 부활되었다. 정직이 신조였던 드프리는 인격자로 사원들에게서도 많은 사랑을 받았다. 회사가 어느 정도 규모가 커진 후에도 종업원과 대화를 즐겼고 만년에는 사원 모두의 할아버지 같은 존재였다고 한다. 현재 드프리가는 허먼 밀러의 경영에서 손을 뗐고, 소유주도 아니지만 사내 곳곳에 코가 뾰족하고 이마가 훤한 드프리의 인형이 장식되어 있는 것을 보면 그가 얼마나 사랑받는지 잘 알 수 있다. 그가 있었기에 지금의 허먼 밀러가 있다. 이런 회사라면 누구나 한 번쯤 일하고 싶다고 생각하지 않을까.

임스 라운지 체어 & 오토만Eames Lounge Chair & Ottoman
(찰스 & 레이 임스, 1956년)

'무명'이어도
능력 있는
디자이너와

일하고 싶다

Walter Knoll

마르쿠스 벤츠
Markus Benz

독일 가구 회사 발터 크놀 CEO

가구나 조명 신제품을 만들 때 요즘 한창 잘나가는 디자이너에게 의뢰하면 어김없이 히트작이 나올 것이라고 생각하는 사람이 많을지도 모른다. 확실히 언론 매체는 주목하겠지만 그렇다고 폭발적인 히트로 이어진다는 보장은 없다. 오히려 언론에 많이 노출되었지만 결과가 썩 좋지 않았던 사례도 적지 않다. 사실은 나도 2005년 유럽 디자이너 세 사람에게 의뢰해 국제 시장을 염두에 둔 청주용 술잔과 술병을 제작한 적이 있다. 발표회는 성황리에 치러졌고, 세계적으로 유명한 영국 디자인 잡지 〈월페이퍼 Wallpaper*〉가 가장 먼저 소개해주었다. 그 후 국내외 잡지 50여 개에 기사가 실렸고, 친한 패션 디자이너 폴 스미스Paul Smith, 1946~가 런던의 부티크에서 판매하기도 했다. 이렇게 이야기하면 오죽이나 잘 팔렸을까 생각하겠지만 상업적으로는 쓴맛을 보았다. 물론 잡지 등에 소개되지 않았더라면 결과는 더욱 참담했을 것이다. 그나마 다행스러운 것은 이런 이야기를 하면 인터뷰 상대인 디자이너의 태도가 크게 바뀌고 다음 프로젝트에는 꼭 참여하고 싶다는 제안을 받는다는 것이다.

이렇게 제품을 만든 경험이 있어서 나는 각 제조 회사 사장이 어떤 디자이너를 선택하는지 관심을 기울인다. 특히 타사가 기용하지 않는 디자이너와 함께 매력적인 가구를 만드는 회사에 흥미를 느낀다. 그중에서도 가장 관심 있는 곳을 한 군데 꼽자면 독일의 고급 가구 회사 발터 크놀Walter Knoll이다. 유서 깊은 회사로 과거의 명작을 현대에 되살린 복각 가구도 판매하고 있지만 이 회사의 매력은 뭐니 뭐니 해도 현대의 디자이너들이 작업한 신작이다. 중심에서 활약하고 있는 현대 디자이너로는 빈을 거점으로 활동하는 에오스EOOS라는 3인조 디자인 그룹과 런던에서 주로 활동하는 2인조 피어슨 로이드Pearson Lloyd를 꼽을 수 있다. 그들의 이름을 다른 회사를 통해 들은 적은 없지 않을까. 이 회사의 라인업을 보면 영국 정부로부터 작위까지 받은 세계적인 건축가 노먼 포스터Norman Foster, 1935~, 일본이 자랑하는 건축가 구마 겐고隈研吾, 1954~의 이름이 있을 정도니 세계 최고 수준의 크리에이터와 작업하는 회사임은 분명하다. 게다가 우아한 가죽 커버의 개인 소파 FK는 영화 〈악마는 프라다를 입는다〉에서 귀신같은 편집장의 의자로 등장했고, 영화 〈유령 작가〉에서는 로만 폴란스키 감독이 제대로 대금을 지불하고 세트에 사용했을 정도다. 이만큼 실적이 있는 회사면 어떤 디자이너라도 얼마든지 고를 수 있다. 그런데 왜 '무명' 디자이너와 손을 잡았을까.

사실 그들을 무명이라고 소개하기는 했지만 누구나 아는 디자이너는 아니라고 하는 편이 더 정확한 표현일지도 모른다. 에오스는 전 세계 아르마니 화장품 매장과 베를린, 뉴욕, 그리고 도쿄에 있는 아디다스 매장의 내장을 담당했다. 그리고 피어슨 로이드는 승무원의 제복이 멋스럽기로 유명한 영국 항공사 버진 애틀랜틱의 객실 내장 디자인을 맡아 작업한 실적도 있다. 이런 디자이너를 20여 년 전에, 때로는 그들이 아직 학교를 졸업하기도 전에 점찍었다고 하니 이 회사의 마르쿠스 벤츠 사장은 안목이 높은 인물인 듯하다.

왼쪽부터. Bao 암체어Bao Armchair(에오스, 2012년),
마이체어MYchair(벤 판 베르컬Ben van Berkel, 2009년),
FK 암체어FK Armchair
(프레벤 파브리시우스 & 외르겐 카스트홀름Preben Fabricius & Jørgen Kastholm, 1961년)

그러면 어떤 기준으로 디자이너를 선택했을까. 그는 먼저 '커뮤니케이션 능력'을 꼽았다. 디자인의 자질이 첫 번째 조건이 아니라는 점이 뜻밖이다. 그는 이렇게 말했다.

"디자이너를 고른다는 건 건물주가 자신의 건물에 들어와 살 인상 좋은 입주자를 찾는 일이나 마찬가지다. 팀과 융화될 수 있는 사람을 고르는 게 중요하다. 아무리 유명해도 같은 눈높이에서 이야기를 할 수 있는 사람이어야 한다. 다음으로 미적 비율이나 선, 색 등의 취향을 본다. 유명하든 말든 상관없다. 중요한 건 어떤 디자인을 하느냐다. 이를테면 화려한 풍모로 언론에 자주 등장하는 그 사람. 누구나 다 아는 인물이지만 대표작이 없지 않은가."

굳이 이름을 공개하지 않음을 양해하기 바란다.

디자인 취향이나 지명도보다 커뮤니케이션 능력이 중요하다는 이야기에 놀라는 사람도 있을 듯하다. 그러나 생각해보면 가구 만드는 일은 공동 작업이다. 세계 수준의 기업과 손잡고 제품을 만드는 디자이너라면 기술자들에게서 그 회사 특유의 기술적 특징을 파악하고 그것을 디자인에 반영해야 한다. 그들의 목소리에 제대로 귀를 기울일 줄 모른다면 다음에 그 디자이너에게 말을 걸 회사는 없을 것이다.

애초에 커뮤니케이션이란 상대의 마음을 헤아려 정성을 다하는 일종의 '대접'이다. 디자이너에게는 이렇게 상대를 흐뭇하게 만들 줄 아는 마음이 있어야 하지 않을까. 상대를 극진히 대접하는 마음이 사용자의 마음까지 배려하는 좋은 가구 디자인으로 이어진다.

리빙 랜드스케이프Living Landscape(에오스, 2007년)

해외 업체에서 종종' 좋은 일본 디자이너를 추천해달라고 요청하곤 한다. 생각보다 훨씬 많은 해외 기업이 일본인 디자이너에게 문을 열어놓고 있다. 다만 일본의 디자이너들은 마르쿠스 벤츠가 지적한 커뮤니케이션 능력이 다소 뒤떨어지는 듯하다. 이를테면 처음 만났을 때의 인사. 일본 디자이너들은 대개 이름을 말하고 명함을 건네기만 한다. 재치 있는 이야기나 기억에 남을 만한 말을 하는 사람은 별로 없다. 하지만 명함 교환도 프레젠테이션의 일부다. 그리고 첫인상만큼 인품을 확실하게 말해주는 것도 드물다. 일본에서도 세계 수준의 새로운 디자이너가 등장하기를 바란다.

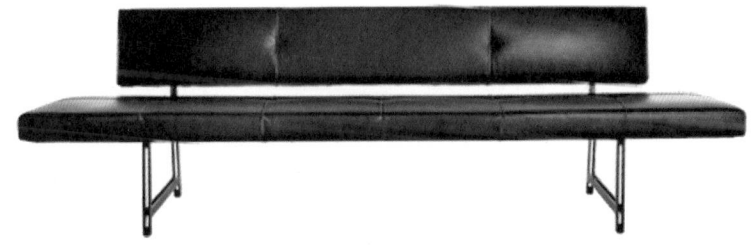

포스터 510 벤치Foster 510 Bench(노먼 포스터, 2009년)

가구는
오랜 세월 쓰는
물건인데

유행만 좇으면
어떻게 될까요

Artek

미르쿠 쿨베리
Mirkku Kullberg

핀란드 가구 회사 아르텍 CEO

Photo : Joe Suzuki

268

269

패션업계 출신의 여성 최고경영자. 이 한마디만 듣고 많은 사람이 멋스러운 제품을 만드는 회사라고 생각하지 않을까. 게다가 회사가 대기업 산하에 들어갔다는 사실을 알고 나면 누구나 경영자가 수완이 모자란 사람이라고 상상할지도 모른다. 하지만 2005년에 아르텍의 사장으로 취임한 미르쿠 쿨베리는 사람들의 선입견을 뒤집는 경영자다. 합리적이며 독창적인 인물이다. 가구가 팔리지 않는 시대에 취임 9년 만에 매출을 75퍼센트 올리는 것은 쉽지 않은 일이다. 게다가 쿨베리의 경영 2014년 7월부터 아르텍 최고경영자와 스위스 가구 회사 비트라의 홈 부문 책임자를 겸임은 앞으로 가구 산업이 나아가야 할 방향을 보여준다. 그 경영 수완을 간략하게 소개한다.

스툴 60Stool 60(알바 알토, 1933년)

쿨베리가 가구업계에 투신한 이유는 '가구업계가 유행과 인연이 먼 곳이기 때문'이다. 한 해에 몇 번씩 트렌드를 만드는 패션업계에 질릴 대로 질렸다고 그녀는 말한다. 가구는 유행을 따라 만드는 물건이 아니다. 이 책에 소개한 경영자나 디자이너 중 트렌드를 입에 담은 사람은 한 명도 없었다. 아무튼 오랜 세월 쓰는 물건이니만큼 유행이 바뀔 때마다 가구를 사는 사람은 아주 적다.

소비자는 대부분 가구를 구입할 때 이런저런 고민을 한다. 지금 사면 혹시나 나중에 구닥다리가 되지 않을까. 몇 년 지나 인테리어 취향이 바뀔지도 모르는데, 지금 이걸 사는 게 옳을까. 미르쿠 쿨베리가 이룬 경영 혁신은 결과적으로 이런 다수 소비자의 고민에 대응하는 것이었다. 2007년, 세계 최고의 가구 견본 시장인 밀라노 국제가구박람회에서 아르텍이 전시한 것은 회사 컬렉션의 중심인 알바 알토의 빈티지 가구였다. 매년 신작을 만들 필요가 있느냐는 의문을 제시한 것이다. 이어서 소비자가 쓰던 자사 제품을 회사에서 사들여 재판매에 나섰다²현재는 핀란드 국내와 베를린 매장에서만 구입 가능. 자사 상품은 세월이 지날수록 매력적이므로 지금 사서 오래 써도 손해가 아니라는 것을 소비자에게 어필하기 위한 것이기도 하다.

이런 행동에 신상품 발표에 힘을 쏟아온 많은 가구 회사가 반발했다. 일부러 찾아와 쓸데없는 짓 하지 말라고 불평한 회사도 있었다고 한다. 하지만 최근 밀라노 국제가구박람회를 보면 아르텍처럼 신작을 발표할 뿐 아니라, 이를테면 역사적 명작에 다채로운 색상을 더해 새로운 모습을 보여주는 등 자사 제품의 가치를 높이는 전략을 취하는 브랜드가 늘고 있다.

미르쿠 쿨베리가 아르텍에서 실시한 개혁의 대표적인 사례의 하나로 기억에서 잊힌 명작의 판매권을 취득한 것을 꼽을 수 있다. 핀란드를 대표하는 두 디자이너, 일마리 타피오바라와 위리외 쿠카푸로Yrjö Kukkapuro, 1933~의 가구를 아르텍이 제조, 판매하게 된 것이다. 또 앞으로는 회사의 사상과 일치하는 명작 가구는 핀란드 디자이너의 작품이 아니더라도 선보일 예정이라고 밝혔다. 같은 가구업계에 있는 기업의 사회적 책임으로서 인류 공통의 재산을 지켜나간다는 아르텍의 철학을 보여주는 일이다.

또 그녀는 지금까지 북유럽의 가구 회사와는 다른 21세기적인 경영도 도입했다. 1930년대부터 제조 계약을 맺었던 목공소의 알토 가구 생산 공정만 자사의 산하에 들인 것이 좋은 예다. 적정 비용으로 더욱 고품질의 제품을 만들기 위한 변경이었다.

66 의자Chair 66(알바 알토, 1935년)

2013년 9월 아르텍은 또 한 번 세상을 깜짝 놀라게 했다. 아르텍이 유럽 최대 가구 회사인 비트라의 산하로 들어간다는 사실을 정식으로 발표한 것이다. 이 뉴스를 들은 사람들은 아르텍이 비트라에 흡수된다고 생각했다. 하지만 실상은 완전히 반대였다. 미르쿠 쿨베리가 먼저 비트라에 회사의 새 소유주가 되어달라고 제안한 것이다. 아르텍은 1992년부터 스웨덴의 투자회사 프로벤투스Proventus가 소유하고 있었다. 사업을 지속하기에 자본은 충분했지만, 쿨베리는 "디자인 사업을 이해하는 상대가 주주로 있기를 바랐다. 회사가 비약적으로 성장하려면 자금뿐 아니라 가구업계의 지식이 필요했다"라고 배경을 설명한다.

901 티 트롤리Tea Trolley 901(알바 알토, 1936년)

비트라의 명예회장 롤프 펠바움Rolf Fehlbaum은 어린 시절부터 알바 알토의 팬으로 그가 설립한 비트라 디자인 박물관에는 알토의 빈티지 가구가 소장되어 있다. 게다가 1990년 중반에는 프로벤투스에 "만약 아르텍이 귀사의 투자처로는 지나치게 작은 회사 같다면 부디 우리 회사에 넘겨달라"는 편지를 보내기도 했다. 아르텍을 사들이는 것은 비트라로서도 바라마지 않던 일이었다.

이렇게 소유주가 바뀌었지만 브랜드에 관한 제약에는 아무런 변화가 없다고 한다. 그뿐 아니라 아르텍의 약점이었던 물류나 법인 시장에서도 큰 지원이 뒤따를 예정이다. 일본에서는 두 회사가 사무실과 쇼룸을 공유함으로써 판매와 유통 면에서 상승효과를 기대할 수 있어 납기가 단축되는 등 눈에 보이는 형태로 소비자에게 이점이 생길 전망이다.

A330S 골든 벨A330S Golden Bell(알바 알토, 1937년)

사람들은 평생 동안 그렇게 여러 번 가구를 사지는 않는다. 그래도 소비자가 '지금 사서 평생 쓰는' 행동에 나서도록 미르쿠 쿨베리는 일련의 개혁을 실행했다. 마찬가지로 가구의 형태는 바뀌지 않아도 바깥에서는 보이지 않는 변혁을 내부에서 꾀하는 기업이 늘고 있다.

EA002 베이비 로켓 스툴EA002 Baby Rocket Stool(에로 아르니오Eero Aarnio, 1995년)

아이디어와 열정,
그리고
가족의 유대로

명품 조명을
완성한다

FLOS

피에로 간디니
Piero Gandini

이탈리아 조명 회사 플로스 CEO

276

가구나 조명 회사는 일본의 일반 기업과 경영 철학이 크게 다르다. 무엇보다 마케팅이나 트렌드에 의존해 제품을 만들지 않는다. 하물며 억지로 붐을 일으키는 일은 당치도 않다고 여긴다. 업계 몇 위라든가 '시장점유율 몇 퍼센트' 같은 숫자에 집착하지도 않는다. 이 업계에서는 규모의 이론으로 사업을 하지 않는다. 중요한 것은 얼마나 좋은 제품을 만들어 출시하느냐, 오직 그 한 가지다.

이를테면 디자인 조명의 역사를 만들어온 이탈리아 조명회사 플로스의 사장 피에로 간디니는 이렇게 이야기한다.

"이 사업은 결코 돈벌이가 되는 장사가 아니다. 돈이 목적이라면 다른 직업을 선택해야 한다. 애초에 우리는 마케팅을 하지 않는다. 아이디어와 열정으로 이 일을 하고 있다."

그리고 그토록 열심히 조명을 만드는 이유가 오로지 '좋은 제품을 만들고 싶다는 욕구' 때문이라고 말한다.

지금까지 이 책에서 소개했듯 신상품의 개발은 결코 간단한 일이 아니다. 가구와 조명은 수명이 긴 상품이다. 마케팅 조사에서 '지금 사람들이 가지고 싶은 것'이라는 결과가 나왔다고 해서 몇십 년 후에도 꼭 필요한 물건이라고 볼 수는 없다. 그래서 가구와 조명업계에서는 시대를 한걸음 앞서 나가는 외부 디자이너의 아이디어를 형태로 만드는 것이 일반적이다. 물론 회사는 디자이너의 제안을 그대로 상품화하지는 않는다. 그들의 아이디어는 때로는 기발함이 지나쳐 해괴할 때도 있고, 다듬으면 빛을 발할 때도 있다. 회사에 필요한 것은 그런 제안을 능숙하게 편집해 매력적인 상품으로 만드는 능력이다. 그리고 이때 지휘를 맡는 사람이 사장이다. 이 책에서 소개한 해외 회사들은 종업원이 5000명을 넘는 허먼 밀러나 500명에 이르는 비앤비 이탈리아를 제외하면 대개 200명 남짓 규모의 작은 회사다. 그중에서 신제품 개발에 관여하는 인원은 고작 몇 사람. 사장은 상품 개발의 최고 책임자이기도 하다.

메이데이May Day(콘스탄틴 그르치치Konstantin Grcic, 2000년)

플로스도 사장이 제작을 진두지휘하는 종업원 200명 남짓 되는 규모의 회사다. 전임 사장은 피에로의 부친인 세르지오Sergio. 이탈리아를 대표하는 진보적 디자이너 카스티글리오니 형제와 손잡고 디자인사에 길이 남을 다수의 조명을 세상에 선보인 명물 사장이었다. 283쪽의 사진 속 '아르코Arco'는 어디선가 본 적이 있을 것이다. 이것은 천장에 구멍을 뚫지 않고 늘어뜨릴 수 있게 만든 조명이다. 네모난 대리석 받침대에 높이 2m가 넘는 아치와 광원을 조합한 대담한 형태다. 1962년에 이렇게 진보적인 디자인을 승인하려면 사장도 배포가 두둑해야 했을 것이다.

1980년대부터 회사 일을 거들어온 피에로는 부친 세르지오와 다른 새로운 길을 모색한다. 필립 스탁이나 재스퍼 모리슨 같은 해외 스타 디자이너들과 협업해 조명을 만들기 시작한 것이다. 그렇게 해서 최대의 히트작이라 할 수 있는, 스탁이 디자인한 '미스 시시Miss Sissi' 같은 유명한 조명이 태어났다. 피에로는 아버지의 뒤를 이어 1999년 플로스의 사장에 취임했다.

미스 시시Miss Sissi(필립 스탁, 1991년)

그런데 플로스는 이탈리아의 중소기업의 90퍼센트가 그렇듯이 가족 경영 회사다. 피에로는 "그렇게 말하면 주주의 권리를 강하게 주장하는 문화인 미국에서는 다들 놀란다. 그러나 결코 특별한 일이 아니다. 이 업계에서 회사를 운영하려면 다른 업종에 없는 특별한 노하우가 필요하기 때문이다"라고 말한다. 사실 가구나 조명의 세계에서는 최근에 만든 제품이 꼭 가장 뛰어난 제품이라고는 할 수 없고, 과거의 명작이 이익의 큰 부분을 차지하는 사례도 적지 않다. 아버지나 할아버지가 만든 제품을 소중히 여기며 오래도록 판매하는 이 사업은 분기마다 실적을 따지는 미국식 경영과 대치된다. 아무리 우수해도 단기간에 실적을 올려 경력을 가꾸고 다음 회사로 옮겨가는 인물이 앞으로 몇십 년 후에도 사용될 상품에 얼마나 책임을 느낄까. 그래서 이 업계에서는 가족 경영으로 얻는 이점이 크다. 게다가 얼마 되지 않는 인원이 제품을 만들기 때문에 바쁠 때는 당연히 가족의 손을 빌리게 된다. 참고로 2012년에 창립 50주년을 맞이한 플로스의 회사 기록 보관소를 만든 사람은 다름 아닌 피에로의 어머니, 즉 선대 사장인 세르지오의 부인이었다(277쪽 사진 참조).

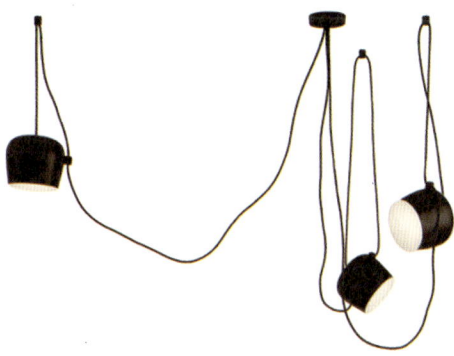

에임Aim(로낭 & 에르완 부룰렉Ronan & Erwan Bouroullec, 2013년)

현 사장인 피에로는 제작을 위해 때때로 디자이너의 사무실을 찾는다고 한다. 앞으로 함께 일할 디자이너들의 됨됨이를 알기 위해서만 그러는 것이 아니다. 이미 함께 조명을 만든 디자이너의 사무실에도 종종 발걸음을 한다. 이를테면 파트리시아 우르키올라가 일본의 투구에서 아이디어를 얻어 '타투'를 디자인했을 때는 이런 일도 있었다. 피에로가 파트리시아의 사무실을 방문한 것은 한창 제작을 하던 무렵이었다. 그의 눈에 자그마한 부속품을 가죽끈으로 연결한 투구 같은 전등갓이 들어왔다. 장난기가 발동한 그는 그것을 집어 들어 파트리시아의 머리에 씌웠다고 한다. 이런 식으로 피에로는 마지막 프레젠테이션 자리에서 비로소 디자이너와 만나는 것이 아니라 제품을 완성되기까지 2~3년 동안 디자이너와 자주 만나 소통하고 있다. 발주자와 수탁자가 아니라 한 팀을 이루는 관계다. 이렇게 해서 플로스다운 '좋은 제품'이 완성된다.

멋진 제품을 만들면 그것을 사용하는 사람들의 생활과 마음도 풍요로워진다. 자기가 하는 일이 남을 위한 일이 된다. 가구와 조명을 만드는 사람들은 그런 간소한 욕구로 움직이고 있다. 큰돈이 들어오고, 상품이 명작이라 불리며 미술관에 소장되는 것은 나중에 자연스럽게 따라오는 일일 뿐이다. 꼭 플로스만의 이야기는 아니다. 지금도 가구와 조명을 만드는 많은 회사에서 열정적으로 제품을 만들고 있을 것이다. 그래서 이 세계는 늘 내게 매력적이다.

아르코Arco(아킬레 & 피에르 자코모 카스티글리오니Achille & Pier Giacomo Castiglioni, 1962년)

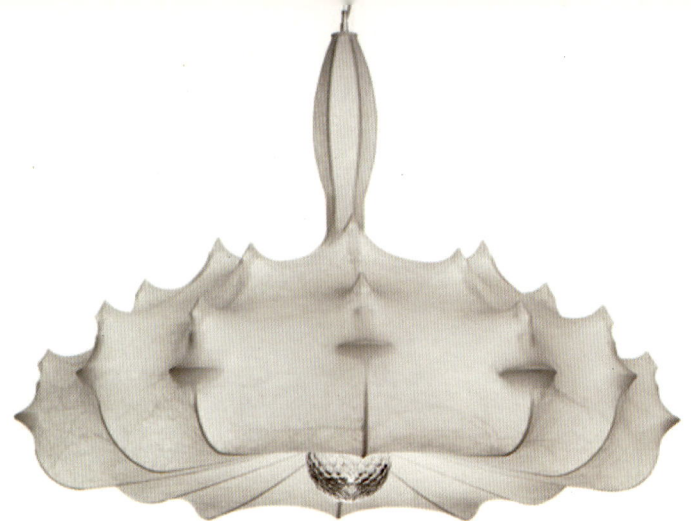

제펠린Zeppelin(마르셀 반더스, 2005년)

2097-30/50(지노 사르파티Gino Sarfatti, 1958년)

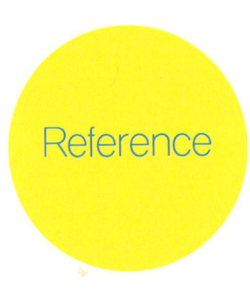

Reference

르 코르뷔지에Le Corbusier, 1887~1965

스위스 출생. 프랭크 로이드 라이트, 루트비히 미스 반 데어 로에와 함께 근대 건축의 3대 거장으로 불리는 건축가. 대표작은 '사브와 저택', '로잔 교회' 등. 도쿄 우에노의 '국립서양미술관'의 설계를 맡기도 했다. 또 잡지 〈에스프리 누보Esprit Nouveau '새로운 정신'이라는 뜻〉를 발행하고 《건축을 향하여》 등의 저서를 집필해 사상적으로 건축계와 디자인계에 큰 영향을 주었다. 집을 '살기 위한 기계'로, 가구를 '살기 위한 장치'로 보는 등, 독자적인 모더니즘 이론을 전개했다.

근대 건축의 원칙

르 코르뷔지에가 근대 건축이 기본적으로 갖추어야 할 요소로 1927년 이후 거듭 제창한 다섯 가지. ① 필로티 ② 이동 가능한 벽면을 채용한 개방적인 실내 공간 ③ 자유로운 디자인의 파사드 ④ 가로로 긴 창 ⑤ 옥상 정원

미술공예운동Arts and Crafts Movement

1880~1900년에 영국을 중심으로 일어나 세계로 파급된 공예 운동. 산업혁명이 야기한 사회, 경제의 급변으로 장식예술이 상업주의에 물든 데 대한 반동에서 시작된 움직임으로 공예를 복권해 민주주의와 사회적 통합을 추진하고자 했다. 이론을 주도한 대표적인 인물은 윌리엄 모리스, 존 러스킨John Ruskin, 1819~1900). 질 좋은 제품을 많은 사람들에게 제공한다는 이 운동의 발상은 20세기 디자인 사상에 큰 영향을 끼쳤다.

바실리 체어Wassily Chair

구부린 강철관을 사용해 만든 최초의 의자는 1925년 마르셀 브로이어가 자전거의 핸들에서 아이디어를 얻어 완성한 것이다. 바우하우스에서 교편을 잡고 있던 화가 바실리 칸딘스키Wassily Kandinsky(1866~1946)를 위해 디자인했다고 한다. 그래서 1960년대에 복각되었을 때 '바실리 의자'라는 이름을 붙여 판매했다.

루트비히 미스 반 데어 로에
Ludwig Mies van der Rohe, 1886~1969

유리와 철을 사용한 건축으로 현대 건축에 절대적인 영향을 미친 독일 태생의 건축가. 대표작은 '바르셀로나 파빌리온', '판스워드 주택', '시그램 빌딩' 등. 바르셀로나 파빌리온을 위해 디자인한 의자, '바르셀로나 체어'도 매우 유명하다. 바우하우스 최후의 학장을 역임했으며 그가 남긴 "신은 세부에 깃든다", "적을수록 풍요롭다" 등의 명언은 지금도 회자되고 있다.

프랭크 로이드 라이트Frank Lloyd Wright, 1867~1959

미국 출생. 20세기의 3대 거장으로 꼽히는 건축가. 평생 400점 넘는 건축물을 설계하고, 거기에 걸맞은 가구와 조명을 다수 디자인했다. 초기 대표작인 '로비 저택'에서는 미술공예운동과 일본 문화의 영향이 엿보인다. 만년에도 창작욕은 시들지 않아 65세를 넘기면서부터 '낙수장', '구겐하임 미술관' 등 대표작으로 꼽히는 건축을 발표했다. 일본에서는 '구제국호텔', '묘니치칸'을 설계한 건축가로 널리 알려져 있다.

세븐 체어Seven chair

아르네 야콥센이 프리츠 한센에서 1955년 발표한, 등과 앉는 면이 일체인 합판 의자. 누계 700만 개 이상이 팔린 세계적인 베스트셀러. 이름의 유래는 일곱 가지 색상으로 내놓았기 때문이라는 설, 모델 번호에서 땄다는 설, 숫자 7과 모양이 비슷하기 때문이라는 설 등이 있지만 결정적인 자료가 남아 있지 않아 정확한 유래는 밝혀지지 않았다.

안도 다다오安藤忠雄, 1941~

콘크리트가 노출된 미니멀하고 독특한 양식으로 유명한 일본의 건축가. 일본 정부가 수여하는 문화훈장뿐 아니라 건축계의 노벨상이라 불리는 프리츠커상을 수상하는 등, 세계적으로 높은 평가를 받고 있다. 대표작은 '빛의 교회', '오사카부립 지카쓰아스카박물관', '아와지 유메부타이(꿈의 무대라는 뜻)', '포트워스 현대미술관', '도큐토요코센 시부야 역' 등이 있다.

필립 스탁Philippe Starck, 1949~

프랑스 출생. 이탈리아 가구 회사 드리아데Driade의 의자 '코스테스 Costes', 플로스의 조명 '로지 앤젤리스Rosy Angelis', 이탈리아 주방용품 회사 알레시Alessi의 레몬 착즙기 '주시 살리프Juicy Salif' 등 다수의 히트작을 디자인한, 과거 30년 동안 가장 두드러진 활약을 보인 디자이너. 일본에서는 도쿄 스미다 강변의 '아사히 슈퍼 드라이 홀'(1990년)의 설계 등으로 알려져 있지만 작업의 중심은 가구, 인테리어, 제품 등의 디자인이다. 〈뉴스위크〉는 그의 로맨틱하면서도 기이한 스타일을 두고 "아무것도 아닌 공간을 오페라 무대로 바꾼다"라고 평했다.

허드슨 체어Hudson Chair

필립 스탁이 뉴욕 허드슨 호텔의 실내 장식을 새로 맡았을 때 디자인한 의자. 스탁은 이 의자의 알루미늄 표면을 연마해 거울처럼 만들기를 바랐으나 그때까지 해군 의자를 제조하던 에메코에는 그럴 만한 노하우가 전혀 없었다. 그래서 근방에 있는 세계적인 모터사이클 회사 할리 데이비슨에서 기술자를 빼왔다는 일화가 전한다.

에로 사리넨Eero Saarinen, 1910~1961

뉴욕의 CBS 빌딩, JFK 공항의 TWA 터미널의 설계로 유명한 건축가. 핀란드에서 태어나 미국에서 주로 활동했다. 아버지는 저명한 건축가, 에리엘 사리넨Eliel Saarinen(1873~1950). 아버지가 초대 교장으로 부임했던 크랜브룩 예술 아카데미에서 찰스 임스와 만났다. 가구 디자인에도 빼어나 섬유강화플라스틱FRP을 쓴 미국 최초의 가구 '움 체어Womb Chair', 세계 최초의 외다리 의자 '튤립 체어'를 만들었다.

스완 체어Swan Chair

아르네 야콥센이 SAS 로열 호텔의 로비에 사용하기 위해 에그 체어와 함께 디자인한 안락의자. 어딘가 세븐 체어와 통하는 형태는 당초 합판 제작을 염두에 두고 디자인했기 때문이다. 에그 체어와 마찬가지로 폴리스티렌으로 제작했다. 옆에서 본 모습이 덴마크의 국조인 백조와 닮았다고 해서 이 이름이 붙여졌다.

공 시계Ball clock

어느 날 밤, 조지 넬슨은 그의 사무실에서 이사무 노구치, 또 다른 친구인 사상가이자 건축가 버크민스터 풀러Buckminster Fuller(1895~1983)와 함께 술을 마시며 시계 디자인에 관한 온갖 아이디어를 서로 이야기했다. 이튿날, 숙취로 어젯밤 기억이 남아 있지 않은 넬슨이 사무실에서 본 것이 바로 공 시계였다고 한다. '두 개의 당치 않은 물건을 합체해 걸작을 만들어내는' 것은 이사무의 재능이라고 분석한 넬슨. 아무래도 그는 이 시계를 이사무가 디자인했다고 생각한 듯하다.

피오르Fjord

2012년 모로소에서 발표한 파트리시아 우르키올라의 대표작으로 좌우 비대칭을 이루는 형태가 인상적인 의자. 북유럽 디자인계의 거장, 아르네 야콥센의 에그 체어를 더욱 간결하게, 그리고 더욱 기능적으로 새롭게 디자인했다. 자유로운 자세로 가볍게 앉을 수 있는 것이 매력.

드로흐 디자인Droog Design

네덜란드의 에인트호번 디자인 아카데미 교수인 헤이스 바커르와 미술사가 레니 라마커스Reny Ramakers(1948~)가 1993년에 시작한 디자인 프로젝트. '디자인을 하지 않는 디자인'이 특징으로 기존 제품을 다른 데 쓴다거나 버려진 목재를 이용하는 등, 고정관념을 뒤엎는 발상이 많다. 프로젝트를 시작한 초기에는 에인트호번 학생이던 마르셀 반더스나 헬라 용에리위스Hella Jongerius(1963~) 등이 디자인을 제공했다. 현재는 네덜란드 인 디자인 브랜드로 성장하고 있다.

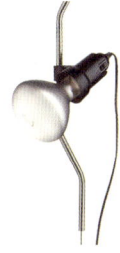

파렌테시Parentesi

아킬레 카스틸리오니와 피오 만추 Pio Manzù(1939~1969)가 플로스사를 위해 1971년 디자인한 조명. 천장과 바닥 사이로 죽 뻗은 와이어와 도중에 구부러진 파이프(이탈리아어로 '꺾쇠 괄호'라는 뜻인 조명 이름은 이 굽은 모양에서 비롯되었다 - 옮긴이)의 마찰로 광원의 높이를 자유롭게 바꿀 수 있어 매우 기능적이다.

Bibliography

《アーツ・アンド・クラフツ運動》, Gillian Naylor(著), 川端康雄, 菅靖子(譯), 2013, みすず書房

《アイリーン・グレイ—建築家・デザイナー》, Peter Adam(著), 小池一子(譯), 1991, リブロポート

《アルネ・ヤコブセン》, 和田菜穂子(著), 2010, 学芸出版社

《イームズ入門》, Eames Demetrios(著), 助川晃自(譯), 泉川真紀(監修), 2004, 日本文教出版

《イサム・ノグチ—宿命の越境者》, ドウス昌代(著), 2000, 講談社

《倉俣史朗》, 植田実(編輯), 2008, グラマタデザイン事務所

《シャルロット・ペリアン自伝》, Charlotte Perriand(著), 北代美和子(譯), 1998, みすず書房

《白い机-モダン・タイムス》, Goran Schildt(著), 田中雅美, 田中智子(譯), 1986, 鹿島出版会

《チャールズ&レイ・イームズ》, Donald Albrecht(著), 2004, 読売新聞大阪本社

《天空の蛇》, John Anthony West(著), 大地舜(譯), 1997, 翔泳社

《天童木工》, 菅澤光政(著), 2008, 美術出版社

《Balance in Design》, Kimberly Elam(著), 伊藤尚実(譯), 2005, BNN

《Carl Hansen & Son - 100 Years of Craftsmanship》, Frank C. Motzkus, Carl Hansen & Son

《An Industry for Design》, Mario Mastropietro, 1983, Edizioni Lybra Immagine

《ALVAR AALTO His life》, Goran Schildt, 2007, Alvar Aalto Museum

《ALVAR AALTO DESIGNER》, Alvar Aalto Foundation, 2002, Alvar Aalto Museum

《Ilmari Tapiovaara》, Pilar Cos, 1997, Santa & Cole

《LIGHT YEARS AHEAD The Story of PH Lamp》, Ove Hanse, 1994, Louise Poulsen

《ROOM 606 The SAS House and the Work of ARNE JACOBSEN》, Michael Sherdin, 2003, PHAIDON

《Tolix》, Brigitte Drieux, 2007, Editions de La Martinere

이 책은 명작이라고 불리는 가구와 조명을 소개한 것이다. 그러나 내게는 그런 물건에 관한 이야기 말고도 쓰고 싶은 이야기가 하나 더 있었다. 가구 산업에 종사해온 사람들의 이야기를 이 책에 담고 싶었다. 어떤 인테리어든 디자이너와 제작 회사가 존재한다. 게다가 회사는 대부분 사장의 얼굴이 훤히 보이는 자그마한 규모다. 그들을 그리는 일은 인테리어라는 좁은 세계의 이야기가 아니라 제조업 현장, 더 나아가 모든 인간에 공통되는 이야기를 담아내는 일이다. 거기에는 우리가 배울 만한 가르침이 있다. 물건도 재미있지만 사람은 더욱 흥미로운 존재 아닐까.

Epilogue

내가 가진 정보의 원천은 주로 2003년부터 나눈 인터뷰다. 일본을 방문한 디자이너나 경영자를 만나 이야기를 들었고, 해외로 떠나 한 시간 넘게 느긋하게 이야기를 나눌 수 있었던 취재 기회도 많았다. 처음 만났지만 그들이 마음을 열고 이야기해준 덕분에 이번처럼 재미있는 이야기를 소개할 수 있었다. 한번 인연을 맺으면 몇 년 후에 다시 볼 때도 반갑게 기억해주는 그들이 그저 고맙기만 하다.

그들은 왜 그렇게까지 내게 다양한 비밀을 이야기해주었을까. 많은 사람들이 그 이유를 내게 물었다. 그저 영어로 직접 의사소통을 할 수 있어서만은 아니었던 것 같다. 론 아라드를 인터뷰했을 때, 그는 모두에게 보여주겠다며 내가 만든 자료 사진을 멋대로 찍었다. 어떤 자료인지는 비밀이지만 그들의 흥미를 끌 만한 자료를 만든 것도 인터뷰를 수월히 해낼 수 있었던 한 가지 이유일지 모른다. 에메코의 그레그 부크바인더 사장에게 '전 세계 저널리스트 중에서도 꽤나 두드러지는 인물'이라는 말을 듣게 만든 내 성격도 재미있는 이야기를 이끌어내는 데 한몫했을 수도 있다.

아무튼 인터뷰에 익숙한 일류 디자이너나 경영자들이 나와 이야기하는 모습은 옆에서 보기에도 즐거워 보였다고 한다. 그러고 보면 어느 기업에서는 '일본 지사 사람은 아무도 본 적 없는' 특별한 장소를 견학할 수 있게 해주었는데, 그때 "언젠가 저희 이야기를 쓰게 되면 그땐 잘 부탁드립니다"라는 말도 들었다. 그들을 깊은 수준에서 이해하고 장래의 독자들에게 그들의 이야기를 해줄 대변자로 여겼던 걸까.

희한한 이야기지만 아일린 그레이나 일마리 타피오바라, A 체어같이 한때는 잊힌 인물이나 가구에 관한 집필을 시작하고 나자 내 곁으로 정보가 잇달아 모여들었다. 때로는 오래된 문헌의 형태로 다가오기도 했고, 예기치 못한 인물에서 그들의 이야기를 듣기도 했다. 보이지 않는 커다란 힘이 이 책의 출판을 응원하고 있는 듯했다. 역시 나는 그들의 대변자인지도 모른다. 정열과 아이디어로 가구와 조명을 만들어온 사람들, 위대한 업적이 사람들 기억 속에서 잊히고 만 사람들, 그리고 그것을 부활시킨 사람들. 어느 때라면 스포트라이트를 받을 일 없는 존재를 세상에 알리는 것이 이번에 내가 할 일이었던 것 같다.

그리고 어린 시절부터 내게 가구와 조명의 매력을 알려 주신 부모님께 감사 드린다. 10대 시절부터 해외의 인테리어 잡지를 읽게 된 것은 두 분 가운데 특히 어머니의 영향이 아니었다면 생각할 수 없다. 두 분의 자식으로 태어 난 것을 늘 자랑스럽게 생각한다.

마지막으로 독자 여러분께 한마디. 모쪼록 즐겁게 읽으셨기를 바란다. 이 책에 여러분에게 실마리가 될 만한 것이 있다면 글쟁이로서 이보다 더 큰 행 복과 기쁨도 없을 것이다.

조 스즈키

이 책에 나온 가구가
궁금하다면?

www.a-hus.net

실용적인 아름다움을 추구하는
디자이너 컬렉션

에이후스

A/HUS

Address	서울시 용산구 서빙고로 413 현대하이페리온 101동 1층
Store Hours	월~금 10am~7pm, 토 10am~5pm, 일요일 · 공휴일은 휴무
Telephone	02-3785-0860
Website	www. a-hus. net
Instagram	instagram. com/ahus_shop
Blog	blog. naver. com/ahus3785

명품 가구의 비밀

1판 1쇄 발행	2016년 2월 1일
1판 9쇄 발행	2025년 8월 1일

지은이	조 스즈키
옮긴이	전선영
펴낸이	이영혜
펴낸곳	㈜디자인하우스

편집장	김선영
홍보마케팅	서민주
영업	문상식, 소은주
제작	정현석, 민나영
라이프스타일부문장	이영임

출판등록	1977년 8월 19일 제2-208호
주소	서울시 중구 동호로 272
대표전화	02-2275-6151
영업부직통	02-2263-6900
홈페이지	designhouse.co.kr

ⓒ 조 스즈키, 2014
ISBN 978-89-7041-681-6 13590

디자인하우스는 독자 여러분의 소중한 아이디어와 원고 투고를 기다리고 있습니다.
원고가 있으신 분은 dhbooks@design.co.kr로 기획 의도와 개요, 연락처 등을 보내주세요.